本书由中国博物馆协会与腾讯基金会"腾博基金"资助

春风又绿

Again,
the Vernal Breeze Greens

杭州市临平博物馆

"江南水乡文化展"

策展笔记

吕 芹 张 苏 黄衍鑫 严石涵 著

ZHEJIANG UNIVERSITY PRESS
浙江大学出版社
·杭州·

图书在版编目（CIP）数据

春风又绿 ：杭州市临平博物馆"江南水乡文化展"
策展笔记 / 吕芹等著． -- 杭州 ：浙江大学出版社，
2024. 11. --（中国博物馆陈列展览精品·策展笔记）.
ISBN 978-7-308-25226-3

Ⅰ. G269.275.51

中国国家版本馆 CIP 数据核字第 2024FH5486 号

春风又绿

杭州市临平博物馆"江南水乡文化展"策展笔记

吕　芹　张　苏　黄衍鑫　严石涵　著

出 品 人	褚超孚
策划编辑	张　琛　陈佩钰　吴伟伟
责任编辑	吴伟伟
文字编辑	刘婧雯
责任校对	汪　潇
美术编辑	程　晨
出版发行	浙江大学出版社
	（杭州市天目山路148号　邮政编码：310007）
	（网址：http://www.zjupress.com）
排　　版	浙江大千时代文化传媒有限公司
印　　刷	杭州捷派印务有限公司
开　　本	710mm×1000mm　1/16
印　　张	13.75
字　　数	194千
版 印 次	2024年11月第1版　2024年11月第1次印刷
书　　号	ISBN 978-7-308-25226-3
定　　价	88.00元

总　序

在社会主义文化强国建设的进程中，博物馆扮演着中华文明优秀成果守护者、传承者与传播者的重要角色。作为博物馆教育与传播的核心媒介，陈列展览成为博物馆守护文化遗产、传承中华文明、讲好中国故事的关键工作。好的陈列展览离不开好的策展工作。策展是构建陈列展览的过程，是通过逻辑和观念的表达，阐释文物藏品的多元价值，构建公众与遗产之间的对话空间，激发广泛社会价值与文化价值的思维和组织活动。博物馆策展的理论与实践水平，很大程度决定了陈列展览的思想境界、文化内涵、艺术品位与传播影响。因此，博物馆策展的学术研究和业务能力建设是提高博物馆陈列展览工作业务水平和影响效果的重要途径；某种意义上，也是促进我国博物馆事业高质量发展的关键所在。

"中国博物馆陈列展览精品·策展笔记"丛书的出版，正是源于对上述问题的思考。作为我国博物馆行业发展的协调者与促进者，中国博物馆协会长期致力于博物馆展陈质量建设和策展能力提升。在持续不断的摸索和实践中，许多博物馆同仁建议我们依托"全国博物馆十大陈列展览精品推介活动"，围绕一批业内公认的具有较大影响力与鲜明特色的获奖展览项目，邀请策展团队，形成有关策展过程和方法的出版物。在不断的讨论中，我们逐渐明确：这种基于展览策划的出版物，显然不同于博物馆中常见的对于展览内容及重点文物介绍的"展览图录"，而更适合被称为"策展笔记"。

所谓"策展笔记"，一方面，要聚焦"策展"的行动内容，也就是要透过展览看幕后，核心内容是展览从无到有的建设过程，尤其要重点讲述展览选题、前期研究、团队组建、框架构思、展品组织、形式设定、艺术表达、布展制作等当代博物馆展览策划的核心流程及相关体会。另一方面，要突出"笔记"的内涵风格。如果与记录考古工作的过程、方法与认识的"考古报告"相类比的话，"策展笔记"则是对陈列展览的策展过程、方法与认识的重点记录。与此同时，作为与"随笔""札记"等相似的"笔记"文体，也应带有比较强烈的主观性、灵活性和较高的自由度，宜以第一人称的口吻展开，重在呈现策展的心路历程与思考感悟，而不苛求内容体系的完整性与系统性；重在提炼策展的经验、理念、亮点，讲好值得分享的策展专业理论、专业精神、专业态度和专业手法等。我们相信，这样的"策展笔记"，不但可以作为文博行业了解我国文博系统优秀展览的"资料工具书"，也可以作为展陈从业者策展创新借鉴的"实践参考书"，还可以作为普通大众的"观展指南书"，帮助他们了解博物馆幕后工作，更好领略博物馆展陈之美。

丛书第一辑收集了2019—2021年度全国博物馆十大陈列展览精品推介的代表性获奖项目，覆盖全国不同地域，涵盖考古、历史、革命纪念等不同类型。由于缺乏经验借鉴，加之展览类型的多元性、编写人员构成的差异性等，在撰稿与统稿过程中，我们遇到了远超预期的挑战。这些挑战包括但不限于：如何平衡丛书的整体风格与单册图书的个体特色；如何兼顾写作内容的专业性特质与写作表达的大众性要求；如何将策展实践中的"现象描述"转化为策展理念的"机制提炼"，充分体现策展的创新点和价值点；如何实现从"报告思维"向"叙事思维"的转型，生动讲述策展的动人细节；如何在分析个案内容的同时对行业的普遍性、典型问题进行有效回应，发挥好优秀展览的示范作用；如何解决多人撰写所产生的文风不统一问题，提高统稿工作的质量和效率；等等。幸运的是，在各馆撰稿团队的积极配合下，在专家的有力指导下，我们通过设定指导性原则、确定写作指南、优化统稿与编审机制等途径，一定程度克服了上述挑战难题，基本完成了预期目标。

　　这套丛书的问世，离不开撰稿人、专家和编辑的辛勤劳动。我们衷心感谢北京鲁迅博物馆（北京新文化运动纪念馆）、中国人民革命军事博物馆、山西博物院、吴中博物馆、扬州中国大运河博物馆、杭州市萧山跨湖桥遗址博物馆、山东博物馆、湖北省博物馆、盘龙城遗址博物院、成都武侯祠博物馆、陕西历史博物馆、秦始皇帝陵博物院、和田地区博物馆等博物馆策展团队撰稿人的精彩文本。同时，我们衷心感谢南京博物院理事长、名誉院长龚良，复旦大学文物与博物馆学系主任陆建松，浙江大学艺术与考古学院教授严建强，北京大学考古文博学院教授宋向光，上海大学现代城市展陈设计研究院执行院长李黎，西安国家版本馆（中国国家版本馆西安分馆）副馆长董理，清华大学美术学院副教授李德庚等多位学者、专家的认真审读与宝贵的修改建议。感谢浙江大学出版社董事长、党委书记、总编辑褚超孚，以及社科出版中心编辑团队的细致审校和精心编辑，他们的工作为丛书的顺利出版提供了坚实的保障。浙江大学艺术与考古学院"百人计划"研究员毛若寒博士在这套丛书的方案策划、组织联络、出版推进等方面，用力尤勤，付出良多。此外，还有许多在本丛书筹划、编辑、出版过程中给予帮助的专家、老师，无法一一列举，在此谨对以上所有人员致以最真挚的感谢和敬意。

　　严建强教授在一次咨询会上曾对这套丛书给过一个很高的评价，认为它是当代博物馆专业化建设的一个重要的里程碑。对于这个赞誉，我们其实是有点愧不敢当的。我们很清楚，丛书第一辑的整体质量还有待提升，离"里程碑"的高度存在一定差距。但通过第一辑的编辑出版，我们为接下来的第二辑、第三辑的编写积累了经验、增强了信心。今后，我们会继续紧扣"策展笔记"作为"资料工具书""实践参考书"与"观展指南书"的核心功能定位，继续深化对于博物馆展览策展笔记的属性、目标、功能、内涵、形式等方面的认知，努力通过策展笔记的编写，带动全行业策展工作专业水平的整体提升。这虽然是一件具体的事情，但对构建博物馆传承与展示中华文化的策展理论体系和实践创新体系，推动博物馆守护好、展示好、传承好中华文明优秀成果，为博物馆事业的高质量发展、为建设社会主义文化强国不断做出新贡献，是很有积极意义的。我们相信，有全国博物馆工作者的积极参与，我们一定能把这套丛书做得更好，做成中国博物馆领域的著名品牌。

　　是为序。

刘曙光

中国博物馆协会理事长

2023 年 8 月

第二辑赘言

自"中国博物馆陈列展览精品·策展笔记"第一辑问世以来，我听到了文博业界及学术圈同仁们不少的夸奖。一些博物馆展陈从业人员自发撰写评论，从实操与理论等层面解读策展理念，提炼专业经验。浙江大学、陕西师范大学等高校将其纳入教学过程，作为培育新一代策展人的学习资料，凸显了"策展笔记"的教育价值。微信读书以及各类新媒体平台的留言体现出"策展笔记"已成为广大观众理解博物馆策展艺术、深化观展体验的"新窗口"，拉近了公众与博物馆文化的距离。不少读者热情高涨，纷纷点赞并留下评论，将之视为"观展宝典"。

读者的肯定，是我们编辑出版"策展笔记"的最大动力。在2023年11月第一辑刚发行之时，第二辑也进入了紧锣密鼓的撰写阶段。基于前期积累，第二辑在保持原有特色的同时，力求策展写作内容深度与广度的双提升，旨在展现中国博物馆策展实践的多元视角与前沿动态。

江西省博物馆的"寻·虎——小鸟虎儿童主题展"，作为"策展笔记"第一例儿童主题展览，深刻揭示了策展人对儿童心理与行为特征的敏锐洞察，彰显了博物馆对儿童受众的关怀与重视，映衬出博物馆服务理念的革新与拓展。上海天文馆的"连接人和宇宙"基本陈列作为自然科学类展览在丛书中首次呈现，极大地丰富了"策展笔记"的题材与内涵。广东省博物馆的"焦点：18—19世纪中西方视觉艺术的调适"，是粤港澳大湾区首屈一指的外销画专题展览，荣获"十大精品推介"之"国际及港澳台合作奖"，反映出中国博物馆策展的国际视野，亦是出入境展览在"策展笔记"中的初次亮相。值得一提的是，我们特别收录了虽未参与"十大精品推介"但承载着深厚文化内涵与当代价值、在故宫博物院举办的"何以中国"展览。我们认为，独特的时代性、典型性与代表性，使其成为不可多得的策展典范；我们坚信，其策展智慧值得广泛传播与深入探讨。

在"导览"篇章，"策展笔记"第二辑更加注重构建"策展人导览观展"的沉浸式氛围。例如，上海天文馆的策展笔记立足科普导游与创意巧思，构建出令人心驰神往的宇宙奇景，极大提升了读者的参与感与体验度。"策展"篇章的解析深度与广度也有所提升，体现出更加强烈的问题意识，在撰写个案的同时探讨普遍性议题。如"何以中国"的策展笔记首次提出了"展览观"的命题，深入剖析展览背后的策展理念与文化价值，启发策展人对展览本质的再思考。同时，第二辑还加大了对展览"二次研究"和"学理解析"的力度，对策展相关的"叙事""阐释""符号"等现象进行了学理上的深入探究，将理论成果融入策展实践，进一步提升了展览的学术性和专业度。

技术细节的呈现成为"策展笔记"第二辑的另一大亮点。如对陕西考古博物馆的"考古圣地华章陕西"主展标设计过程的全揭秘，不仅展现了策展团队的匠心独运，也让读者对展览背后的专业技术支撑有了更直观的认识。

最后，第二辑在观展与策展之间建立了更紧密的联系。在"观展"篇章，不少书稿引入观众报告，让策展工作更贴近观众需求，提升了展览的互动性与社会影响力，折射出了策展与观众的双向赋能。

"策展笔记"第二辑依然集结了一支由撰稿人、专家与编辑组成的优秀团队。在此，我们向故宫博物院、辽宁省博物馆、上海天文馆、苏州博物馆、浙江省博物馆、杭州市临平博物馆、江西省博物馆、郑州商代都城遗址博物院、广东省博物馆、中山市博物馆、广西壮族自治区博物馆、四川博物院、陕西考古博物馆等多家博物馆的策展团队贡献的精彩文本表示由衷感谢。同时，还要继续感谢南京博物院理事长、名誉院长龚良，复旦大学文物与博物馆学系主任陆建松，浙江大学艺术与考古学院教授严建强，北京大学考古文博学院教授宋向光，上海大学现代城市展陈设计研究院执行院长李黎，西安国家版本馆副馆长董理，清华大学科学博物馆（筹）高级顾问杨玲等专家学者，他们的专业审读和中肯建议对提升"策展笔记"内容质量起到了关键作用。我们还要向浙江大学出版社董事长、党委书记、总编辑褚超孚，副总经理张琛，社科出版中心编辑团队及所有参与的工作人员致敬，他们一丝不苟的工作态度与精益求精的专业精神，确保了"策展笔记"第二辑的高质量出版。我还要特别鸣谢今天在浙江大学艺术与考古学院任"百人计划"研究员的毛若寒博士。作为执行主编，他不仅协助我延续并深化了策展笔记的体例，更以其富有朝气的学术洞察力推动了丛书品质的进一步提升。此外，还有许多未被逐一提及的专家和同仁，他们的辛勤工作和专业精神对整个编撰项目至关重要，我对他们表示由衷的感谢和敬意。

"策展笔记"如同一扇开启多元视野的窗，亦如聚焦万象的镜头，第二辑尤为如此。它不仅展现了中国博物馆展览生态的丰富多样，更深刻揭示了策展实践背后的创新思维与理论深度。从第一辑至第二辑，这套丛书见证了中国博物馆策展领域的进步，每一页笔记都凝结着策展人对新时代博物馆的角色与功能的深邃思考。这一历程不仅是策展理念革新的实录，亦是中国博物馆人敢于探索、勇于创新精神的鲜活体现。展望未来，我们将秉持"讲好中国故事"的初心，以"策展笔记"为桥梁，不断深化对新时代博物馆使命的理解与实践，致力于通过精品展览传承中华优秀传统文化，弘扬革命文化，发展社会主义先进文化，为建设社会主义文化强国、推进中国式现代化贡献博物馆的力量。

刘曙光

2024 年 8 月

春风又绿

Again,
the Vernal Breeze Greens

春風又綠

江南水乡文化展

引　言

廿年之间书江南

　　自古以来，江南就是令人魂牵梦绕的地方。"烟波桨声里，何处是江南。"无数文人墨客在自己的心中刻画了不同的江南形象，每个人心中，都有一个属于自己的江南。

　　杭州市临平博物馆是一座聚焦江南水乡文化的区域性特色博物馆（图1-1），继 2003 年建馆推出江南水乡文化陈列后，于 2022 年全面改陈出新，全新设计重磅推出"春风又绿——江南水乡文化展"（以下简称"江南水乡文化展"）。该展是近年中小型博物馆探索多元发展路径的最新成果。展览运用创新性的展示方式将最新研究成果创造性地转化成清新通俗的陈列语言，通过温情的社会文化视角凸显水乡人文关怀，通过清爽素雅的展览风格展示江南水乡风尚，为观众们提供了一场酣畅淋漓的全域江南视觉盛宴。

图1-1　杭州市临平博物馆馆貌（组图）

一、缘起：已将此地号江南

　　杭州市临平博物馆地处江南腹地，所在的临平区具有典型的江南水乡风貌，在地理特征、历史进程和风俗文化上，都有着非常典型的江南元素。从史前稻作农业遗迹，到诗文史籍里的临平山、临平湖，再到大运河旁的市镇塘栖，一系列本土风物，与邻近区域有相似之处，也组合出了自身的特色，这都促使我们去寻求更大范围内的文化解释和展陈表现。

　　2003年12月，杭州市临平博物馆的前身杭州市余杭博物馆开馆时，便开设了江南水乡文化陈列（图1-2），作为三个常设的展览之一。江南水乡文化陈列以吴越春秋、江南市镇和水乡风情为主题，选择性地展现了一些江南文化，构建了一片江南市镇场景。在当时，该陈列主要是与地方历史文化展相配合，着重讲述江南如何从一个蛮荒落后的地区，变成繁荣发达的地区。

　　作为一个区县级博物馆，杭州市临平博物馆在20年前的这次设展，是国内第一次超越行政建制，以文化地理概念来作为展览组织架构的尝试，也是对博物馆界长期按行政地理区划设展的一次突破。当然，这次尝试有很多不足。那时馆内藏品远不足以承托江南这个大主题。为弥补不足，展览大部分都是实景体验。而关于江南地区的研究，当年相关资源也很有限。江南作为一个文化或学术主题，积累也远不及今天的丰厚。

　　不过，20年来，围绕江南水乡文化，我们持之以恒地做工作。

　　首先是藏品的充实。随着城市化建设，不少考古成果涌现，至今馆藏藏品已达3万余件，其中不乏良渚文化独木舟这样重量级的藏品（图1-3）。同时，我们也有意识地征集江南水乡文化的相关藏品，积极接受社会捐赠。成倍扩充的藏品让江南水乡文化有了更多展示的凭借。

图1-2 江南水乡文化陈列（上）
图1-3 "镇馆之宝"茅山遗址出土独木舟（下）

图1-4　江南文献研究中心

其次是学术的积累。围绕江南水乡文化的主题，我们虽然研究力量有限，但一直寻求与高校合作，出论文，申报项目，办刊物，开研讨会，力争打出江南文化的研究品牌，同时也为做新的展览积蓄力量。与华东师范大学合作成立的"江南文献研究中心"，已经成为新的文献收集和学术交流平台（图1-4）。中心录入收集到文化景观素材数千份、口述史文字35万余字。展览筹备中的"硬核"学术知识，不少就是从这个平台中获得的。

在今天谈江南，还面临一个更大的语境——长江三角洲（简称长三角）区域一体化。2019年，中共中央、国务院印发了《长江三角洲区域一体化发展规划纲要》，长三角区域一体化上升为国家战略。而临平区地处长三角城市群的"圆心"，是杭州融入长三角、接轨上海的桥头堡。面对大的国家战略和自身的区域定位，我们举办江南水乡文化主题展览的信念更坚定了。长三角区域一体化背后的历史积淀、文化认同，亟须进行再唤醒、再阐释、再展现。

博物馆界日新月异，展览也应跟上时代，紧随潮流。在摆脱"物"的概

图1-5　展厅实景

念桎梏、追求主题叙事的潮流下，解读地域文化的展览，近年来已是层出不穷。博物馆纷纷寻求将自身藏品放在更大的历史文化框架中表现，尤其是环太湖地区各博物馆举办的不同角度的有关江南的临时展览，一方面给予了我们提升"江南水乡文化展"的借鉴和参考，另一方面也让我们在提升中面临避免雷同、力争"出圈"的巨大压力。

　　总之，在这样的背景下，2018年，博物馆迎来了新馆建设、全面改陈的发展节点，我们便在不断思考，要翻新出一个怎样的江南水乡文化展？当然，大目标是要沿用文化地理学的视野，做出别具一格的区域文化展。在这个大目标下，我们又不断地拆分展览维度，思考做这个展览，从内容到形式，各方面该有怎样的追求。

　　最后，我们明确了三个着力点：一是厘清复杂的江南概念；二是构建场景化、生活化的文化认同；三是构造诗意的水乡美学。在多年的积累和探索后，我们迫切地想在江南概念上，做出独创的叙事，想以温情的社会文化视角，以清新淡雅的设计风格，为公众提供一场"江南印象"视觉盛宴（图1-5）。

二、策展：虽然小或可谋大

　　杭州市临平博物馆历时5年，于2022年5月完成改扩建工作，并重新开放。改扩建后的博物馆总面积达2.1万平方米，拥有较丰富的馆藏文物，全面改陈通史展的同时，新增东馆区，并在地下一层用2000余平方米，打造江南水乡文化展。虽有新增文物、新建馆舍的条件，但我们依然面临不少困难。不过，大家都有一种使命感，野心很大，目标也很大。

　　我们想写出一篇全面丰富又饱含江南历史细节的文字，想搭建出兼具历史真实感和现代科技感的江南风情场景，想营造出根植于历史地理要素却又诗意纯美的江南水乡氛围。总之，我们使出浑身解数，希望做出一场尽善尽美的江南水乡文化展，希望继20年前的那次突破和首创之后，再创辉煌，再续佳绩。

　　大家勠力同心的斗志是有的，不过在策展过程中，心气越大，难题也就越多。一个行政级别较低的博物馆，要做一个跨区域、大主题的常设展，大大小小的难题避免不了。我们承认客观限制，也理智地以有限条件积极地迎难而上。

　　具体来说，难题有三：一是在人员、经费、藏品和场地有限的情况下，怎么办出响应国家战略的大展？二是一个区县级的地方博物馆，如何办一个跨江浙沪三省（市）的文化地理展？三是一个不敢媲美大馆的小馆，怎么把自己在类同的江南叙事中凸显出来？对此，在策展过程中，就构思框架、展品组织、形式设定、艺术表达等方面，我们做出了如下的努力。

图1-6　展陈设计专家论证会

（一）立足地方特色表现江南主题

　　江南主题广泛，相应地，能做展览的内容也十分丰富。我们首先要做的是概念界定。在邀请国内历史学、考古学、文物与博物馆学、历史地理学等领域的专家学者，经过了十余次的研究论证后（图1-6），我们确立了一个动态的、多元的江南概念，即首先将地域的江南、经济的江南和文化的江南三个维度投射凝聚为生活的江南，而随着历史变迁，又衍生出转型的江南，这就是我们要厘清且表现的江南。

　　江南概念，虽然比较容易用图文版面来说明，但实物展品才是展览的主角。在这方面，我们依赖的只能是3万余件馆藏文物。虽然它们大多是行政范围内的出土

图1-7　部分出土文物（组图）

文物（图1-7），但不少代表着江南地区一段时间内出现的文化，是历史时期典型的器物类型。在此基础上，我们充分吸收最新考古及学术研究成果，选出了1000余件代表性藏品，让馆藏文物成为展览的主角。

　　幸运的是，一系列重大文物保护成果，构成了我们重量级的展品。2010年，茅山遗址考古发掘揭示出良渚文化至广富林文化时期的水稻田（图1-8）、牛脚印（图1-9）等遗迹。我们在做好遗址保护的同时，果断决定请专业机构对这些考古遗迹进行科技保护，使其成为展示早期江南农耕文明独一无二的实物展品。2021年，历时11年、花费近千万元的茅山遗址出土独木舟脱水保护成功（图1-10），成为江南水乡文化展厅的一号展品。

　　除了出土文物，对于江南的大概念，我们也力求从本地的遗迹、历史风貌，来进行内容填充，表现以临平为依托的江南水乡。这样既方便操作，又独具特色。诚如著名考古学家严文明先生所言，临平茅山遗址稻作农业所体现的湿地经济，是从古至今贯穿江南发展的关键钥匙，再结合被誉为"江南佳丽地"的塘栖古

图1-8　茅山遗址东区良渚文化中期条块状稻田（上）

图1-9　茅山遗址广富林文化时期农耕层上的牛脚印遗迹（下）

图1-10 茅山遗址出土独木舟脱水保护现场

镇所体现的江南市镇经济，形成了一套科学、独特的江南水乡文化阐释体系
（图1-11）。

（二）用完整框架进行碎片叙事

选择江南水乡文化这个主题，我们不能回避大，又不能因条件有限，表
现得大而空。因此，我们先把"大"放在框架上，做到大而全，做出两重逻辑
展线：以历史时空线为主轴，再分地域、经济、生活、文化以及转型五个单元展开
（图1-12）。夹叙夹议，不仅向上挖掘江南文化的精神特质，也向下展现栩栩如
生的江南故事。

1 何处是江南 地域的江南	江河湖海	吴山越水共悠悠
	古往今来	落花时节又逢君
2 富庶鱼米乡 经济的江南	国之仓庾	财赋实仰东南域
	衣被天下	锦绣罗绮遍四方
	农工相兼	百业昌盛济民生
	商贾辐辏	小市鱼盐一水通
3 诗意栖居处 生活的江南	烟柳画桥	夹岸人家尽枕河
	风土清嘉	一方水土一方人
4 文采尽风流 文化的江南	诗礼传家	一叶篷窗数卷书
	园林拾古	清风明月是故人
5 春风无尽绿 转型的江南	西风东渐	多元文化新江南
	海纳百川	贡献世界尽文明

春风又绿
江南水乡文化展

图1-11 "富庶鱼米乡——经济的江南"展区（上）

图1-12 五大单元框架结构（下）

图1-13　茅山遗址发掘现场

在大的框架下，我们尽可能在具体的点上，做到饱满而丰富。策略是聚焦叙事型展览的特点，表现好每一个故事。由展品构成故事片段，从而达到意义集群的效果。现代展览的理论和实践都已证明，多个碎片式的精品故事，要比上下5000年式的平铺直叙更具记忆点。在藏品和素材有限的情况下，我们便着力于这种碎片式叙事策略。

例如，为了表现江南的稻作农业，展览重点打造了茅山遗址（图1-13）的叙事。临平区域内的茅山遗址，出土了良渚文化稻作农业遗迹，是实证中华5000年文明史、完善史前社会面貌的重要材料。展览首先做的，是对考古成果进行视觉性转化。稻作泥质遗迹极难提取和保存，而茅山遗址是国内目前发现保存最好、结构最完整的新石器时代水稻田遗址。这一珍贵的考古成果即是叙事的主角，我们将之放置在地面，以玻璃阻隔，让观众在近距离观摩的同时，又有走在史

图1-14　还原的史前农业图景

前田野上的直观感。

　　围绕水稻田遗址，我们尽可能地丰富相关叙事，以达到意义集群的效果。遗址出土的用于犁耕、中耕和收割的成套农具，我们按功能进行了复原性展示。通过展板等辅助手段还原了史前农业的图景（图1-14），还为观众爬梳了史前水稻耕作面积和产量等方面的研究过程及成果，从而揭示了史前江南农业社会的整体面貌。这样，静默数千年的史前田野，在展览中变得亲切而灵动。而史前江南的稻作农业，在展览的整体阐释中呼之欲出。

　　更进一步，在布置和空间上，我们设计了前景和远景的错落搭配。独木舟、田埂、牛脚印等出土遗迹，江南先民耕种犁地的劳作场景、全景画呈现的广阔绿野，是前景的复合展项；远眺所见的则是满载鱼米的独木舟、田间踱步的耕牛。远近空间上多样的组合，弱化展陈设计痕迹，将考古研究中的已知与未知，通过虚实结合的手法演绎出来。观众不仅被引领到史前原生的场景，也能在展厅内感受到江南水乡亘古不变的春和日丽。

做好做足碎片化叙事，也呼应着我们构建场景化、生活化文化认同的追求。对不同的叙事点，我们构建了大量生活化的场景：史前稻田、市镇街道、"十里红妆"、水乡戏曲、龙舟竞渡、文人书房、江南园林等。通过对每一处场景的精心打造，将"江南"尽可能地具象化、体验化。我们相信，多维度、丰富、逼真且细腻的场景体验，实实在在的江南生活，才是构建文化认同最有效的方式。

（三）以江南元素营造诗性审美

独特的审美设计是展览避免同质化、让人眼前一亮的直接手段。而江南水乡文化本身也是一个诗意又唯美的主题。在江南的自然和人文景观中，也有许多美的元素可供提炼。但要在整个展览中营造江南之美，就不能只停留在表面的设计上。我们要的是从表象到内在，从样貌到气质，处处都在彰显诗意水乡美学的展览。那无疑需要从整体到细节的处处用心。

首先，确定展览的内在气质。我们想做到诗意审美，那先得从诗词中汲取灵感。诗词中对江南的表达，如"青砖小瓦马头墙，回廊挂落花格窗"的素雅建筑，"江流天地外，山色有无中"的空蒙景观，"水光月色两相兼"的清淡色泽，都是我们想表现出的感觉。这种不可言说的江南氛围，积淀深厚的文化想象，可通过诗词反复地琢磨和提炼，由此形成一种深刻的感触。将这份感触放进展览中，才能给予观众更丰沛、更精当的美的感觉。

其次，从具象与意象两方面着手设计。一方面，有直接呈现小桥、流水、

图1-15　河、船、桥等江南水乡元素相映衬

人家这样的"物品"，"移步换景"地反复强调河、船、桥等江南水乡元素（图1-15）。不过更重要的是，将江南的元素符号化、写意化，在展览的每一处精心植入。比如在文物展示中，运用山水、涟漪等意象设计展柜托台（图1-16）。同时，我们也以意象与具象相兼的手法，进行空间的二次创作，像小桥的过道、船舶的坐凳设计（图1-17）等。在空间塑造上，也充分调度建筑空间，用江南市镇布局来进行展区的规划。

再次，在展览文本上，打造诗意的语言风格。文本上，观众一目了然的是标题，所以文本中所有标题均以富有诗意的句子进行点题。关于江南的古诗词资源丰厚，所以我们尽量选择既有的诗词名句，以此营造出原汁原味的古雅感。古诗词本就有相应的语境，我们也努力做到恰当引用，让语境和展览内容相匹配，起到相得益彰

图1-16　山水意象设计展柜托台

的效果。标题外的引言和说明文字，我们也十分注重打磨文字，做到诗意书写。

最后，通过色调灯光，营造诗意的氛围。针对"江南水乡"的主题，设计出主题色彩——水乡绿,以江南地区水波的绿色来奠定整个展览淡雅清新的基调。材料上选取水纹板、仿玉石玻璃，配合主题色彩，以营造出古意又自然的效果。纯净的灯光设计，仿自然光源的运用，也是我们着力打造的光氛围。尤其展览的开头和结尾，我们想直接做出诗的意境。青绿水波上的石板路，绵绵雨丝的雨巷，江南湿润朦胧的感觉，便呼之欲出了。

图1-17　船舶形状延伸的休息凳

　　总之，展览在"感觉"营造上下了很大力气。我们将江南水乡文化中的代表性元素反复地打磨、提炼，在具象和意象两方面进行保留，也运用现代材料和工艺使其变得更讨巧、更科技、更有时代气息。我们希望展览能在"感觉"上先声夺人，观众能沉浸在江南之美中，代入江南的形成和发展，从而留下深刻难忘的体验。

三、实施：攻坚克难"破圈"中

　　2003年，当江南水乡文化陈列开放时，无论是展览定位还是展陈形式，均在文博圈掀起了轰动。一个区县级博物馆举办如此泛文化概念的展览，这么多年来有肯定，有争议。如何破疑？如何破难？如何在文博圈再掀"热潮"？

（一）化"规"为"奇"：策展思路的再拓宽

　　策展方面，博物馆办展按照常规，通常多以地方历史为展览定位和内容，尤其是区县级博物馆，因受境域局限，地方历史文化存在年代断层、不够典型等特点，而且跟在地的省市文化同质性非常强。临平亦是如此。为博物馆的发展，我们深入分析了临平区的文化现象，除了有从新石器时代到近现代不间断的完整的历史发展脉络，以及典型的良渚文化等在地文化，还有像塘栖等这样的江南水乡古镇典范，而且境内水网密布，也属典型的江南水乡。基于临平文化的多元，我们从时代发展要求及临平地方文化特点出发，打开策展思路，打破常规，依托地方历史，以临平区江南水乡文化元素为切入点，讲述整个江南水乡文化内涵。这一文化地理学的新颖策展角度，打破了行政区域的藩篱，体现了博物馆在增强区域文化认同中的责任与担当。

设计方面，多通过色调、氛围、元素等媒介，向观众传达文化内涵与精神特质。江南水乡文化在世人眼里，从古至今有着不同的解读，但都有着一个共性的真实印象：小桥、流水、杏花、烟雨……为了传达好江南印象与江南本质，我们在氛围营造上，出其不意，抓住"水"这一江南水乡文化的"魂"，大胆使用水乡绿，以此为主色基调，结合大面积乳白色空白，营造出清新愉快的氛围，让观众身临其境，如在诗意盎然的画境中感受江南水乡温润、生机的文化特质。

（二）化"碎"为"整"：展览内容的再整合

内容方面，江南水乡文化是广博的，是深厚的，而在世人心目中它又是零碎的。如何将这样的江南水乡文化展现在一个 2000 余平方米的空间内？我们改变之前江南水乡文化信息片段化的说明方式，化"碎"为"整"，从地域、经济、生活、文化及转型的角度全面展示江南水乡文化，让观众从自己心中零碎的江南水乡印象中走出来，主动了解一个立体的江南水乡文化，又可在其中寻找到自己熟知的元素，由"整"到"碎"（图 1-18）。如此，观众可以轻松地了解到这个熟悉又陌生的江南水乡文化内涵。

图1-18　船、"船鼻子"、花窗等江南元素碎片运用（组图）

图1-19 茅山遗址的立体展示

（三）化"杂"为"精"：展览展品的再重组

    展品方面，经过近 20 年多途径的收藏，馆藏关于江南水乡文化的展品"多而杂"：考古发掘文物多且有新发现、民俗藏品杂而不精、文献资料少而典型等。综合考虑馆藏藏品情况，我们对藏品进行了全面梳理，将其分为两类：一类是精准定位型，即在地临平区或有明确地点指向的相关文物；另一类是宽泛模糊型，即大部分江南地区均存在的文物，这类文物以民俗藏品为主。因此，在重组展品时，我们充分考虑策展内容的在地性和泛地性，化"杂"为"精"。比如，"江南百工"中的青瓷及湖州镜部分，展品需求的地点指向性较强，而竹编器、老街等部分展品需求的地点指向性相对较弱。另外，在"富庶鱼米乡——经济的江南"部分，我们将临平茅山遗址出土的稻作相关文物，以模型、文物、图板、墙绘等形式进行立体式展示，既清楚表达了早期江南的经济发展，又体现了临平区举办江南水乡文化展的文物支撑（图1-19）。

（四）化"弱"为"强"：团队资源的再联动

博物馆建设的最后难题是方案的实施。在建设过程中，普遍存在的一个矛盾是，文博人不太懂建设施工，代建团队不懂文博专业，也就是俗话说的"隔行如隔山"。如此会造成双方在实施过程中在理解、交流、落地等方面产生偏差。这一点在区县级博物馆建设中尤甚。另外，专业人员严重不足，而且博物馆建设经验严重缺乏，甚至是毫无经验，这也是博物馆建设存在的问题。我们不仅存在上述两种困难，更存在专业技术人员的悬崖式断层问题，我们团队成员基本为刚入职一两年的"90后"年轻人。他们不仅缺乏建设经验，也毫无工作经验。就是在这种情况下，我们通过向内挖潜、向外借力的方式推动展览的落地实施。年轻不可怕，经验不足不可怕。多学多问、吃苦耐劳是最大的优势。在文物梳理、展览文本及设计方案的讨论修改、落地实施的监督等过程中，年轻的文博人充分、深入讨论，既吸收"90后"一代的思想和理念，让江南水乡文化展有着当下年轻人喜欢的江南小情调，也提升了他们的专业素养。江南水乡文化的研究不是一朝一夕的事情。这个展览的专家团队从某种程度上讲，也有国内外江南研究的学者、文博专家以及省市相关部门。他们从学术、展览艺术、安全、政策等方面给予了鼎力支持。研究江南的学者提供了最新研究成果，文博专家尽量将学术成果融入新馆的设计策划和展示中。一个好的展览就是在洽商、磨合中不断改进、实现的。

春風又綠

Again,
the Vernal Breeze Greens

　　江南形胜，自古繁华。一方江南水乡沃土，总是有着数不尽的人文荟萃、富庶繁荣，百姓于此安居乐业、文人于此灵感多发，处处凸显着幸福与祥和。这片景色秀丽的土地承载了人们对于美好未来的各种想象与筹划，是人们的诗意栖居与心灵寄托之所。

　　在"人人尽说江南好，游人只合江南老"等词句的传诵影响下，对于从未到过江南的人来说，江南或许是自己在小桥流水、白墙黛瓦的古镇中，头戴蓑衣毡帽，在微风细雨下划着一艘摇曳的乌篷船，口中嚼着还未回味尽的芡实糕，摇橹间隙，小抿一口地道的女儿红，不时和两岸的居民交流两句。船靠岸后，放下蓑衣，撑着油纸伞上岸，步入幽静的雨巷，脑海中想象着雨巷姑娘于此停留驻足的寂寥与忧愁。又或许是在荷塘月色、蝉鸣鼓噪的秋日中，自己于湖边品味三秋桂子的芬芳、目睹十里荷花的别样红艳，转瞬间步入一所古刹，触摸着历经风雨洗礼的青砖，回想着古刹在千年岁月变迁中发生过的各种悲欢离合。

　　江南如此美好，江南也是如此辽阔，如何能够完整地领略江南形胜，体会江南水乡的种种韵味？这绝非一日可以达成，可能需要一个月、一个季度甚至一年来慢慢寻觅水乡风情。位于大运河畔的临平，自古以来便是典型的江南水乡。我们以杭州市临平博物馆为平台，积极守正创新，突破传统的地方历史展示方式，开拓展览边界，以江南水乡文化为主题，凝聚水乡记忆，浓缩水乡精华，将展示、研究与体验教育相结合，让观众可以"一日阅千年，方寸览胜景"，用最短的时间去认识江南水乡文化，塑造文化认同感。

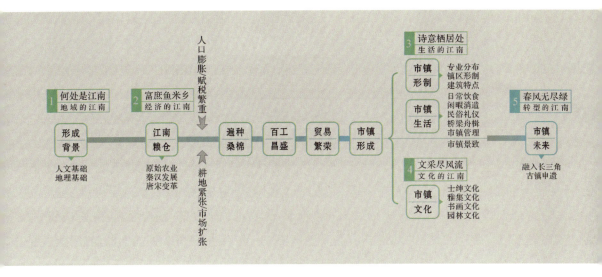

图2-1　展览框架拓扑

　　基本陈列"江南水乡文化展"历时3年打造完成，展厅面积2000余平方米，展线长度370米，展览文物／标本数量929件，珍贵文物／标本数量72件，借用文物／标本数量4件，辅助展品99件。我们在策划展览时放弃了传统的按照时间顺序进行叙述展示的"编年体"方式，而是采用"纪事本末体"的方式，以文化地理学为切入口，分为"何处是江南——地域的江南""富庶鱼米乡——经济的江南""诗意栖居处——生活的江南""文采尽风流——文化的江南""春风无尽绿——转型的江南"五个单元，从地域、经济、生活、人文、转型五个维度对江南进行全方位解读与展示，既全景展示了江南水乡的发展脉络，又可以聚焦特殊单元展示江南水乡别致的地域文化特征（图2-1）。展览整体以水乡绿为主色调，大量使用玉砂玻璃并结合灯光氛围，以写意与写实相兼的手法营造出江南水乡"粉墙黛瓦""山色有

图2-2　序厅

无中"的美学气质。同时因势利导，我们充分调度原建筑的大小空间进行科学
规划，营造江南水市、雨巷等景观，还设置复合多样的观览走线，引导观众用"发
现"的方式在探寻中观展并引发其思考江南水乡的独特魅力。

　　在展览的序厅，我们选用了多媒体播放和实物造景相结合的营造手法。初
入序厅，我们以一排排古色古香的青石板铺设地面，上方吊顶采用水波纹的涟
漪装置，营造出仿若置身江南亭榭漫步的氛围。青石板的尽头选用江南典型元
素拱桥、圆窗作为引导设置，在圆窗内部播放江南植被四季变化的视频，通过
相同视角下植被在不同季节的缓慢变化，展示出江南地区在不同季节韵味各异
之美：春天万物复苏，雨打涟漪；夏天荷花红艳，绿树成荫；秋天桂花飘香，
枫叶雅致；冬天婉约细雪，冰清玉洁。在桥的左半部分用钢化磨砂玻璃配合内
置发光立体字设置"春风又绿——江南水乡文化展"展标，背景色调设置为水乡绿。
通过江南氛围营造，意图让观众一进展厅就联想到王安石"春风又绿江南岸"
的诗词名句，在漫步青石板的路上，一眼望见圆窗内春风逐渐吹绿江南的变化
过程，瞬间抓住展览主题，脑海里浮现出关于江南水乡的无限畅想（图2-2）。

一、何处是江南——地域的江南

江南是一个动态、多元化的概念，在气象上，连绵不断的六月梅雨是江南；在语言学上，吴侬软语是江南；在经济上，鱼米之乡是江南；在地理上，密布的河道水网是江南；在文学上，数不尽的佳篇名作是江南。

在古籍中，江南最早是一个笼统的地域概念，初唐时江南道的设立标志着较为明确的江南概念形成。明清时期，逐渐把江南圈定为"八府一州"的小江南概念，即应天府（江宁府）、镇江府、常州府、苏州府、松江府、嘉兴府、湖州府、杭州府及太仓州，后续又逐渐演化出大江南概念，泛指长江中下游及以南的广大区域。

在单元序章我们制作了"何处是江南"的多媒体视频，通过动态化的画面演示江南区域的不断变化，并对不同学科话语下的江南概念进行解读，介绍为何江南核心区会定位到"八府一州"，观众可以通过这个视频更直观地理解江南的地理变迁，建立起江南的区域范围和概念。

该单元通过"江河湖海 吴山越水共悠悠"与"古往今来 落花时节又逢君"两个部分厘清江南地理概念前世今生的变化，用数据分析和图表等方式立体展示江南水乡泽国的自然地理环境。同时观众可以通过精品文物重点展示和通史文物线性展示相结合的方式，直接感受江南的历史变迁（图2-3）。

（一）江河湖海 吴山越水共悠悠

水是江南地区的灵魂。纵横交错的河流、密集的湖泊与沼泽、丰沛的降水以及温润的湿度，共同构成了一个海拔适宜的水乡泽国。这片水乡泽国是江南人民赖以

图2-3 "何处是江南——地域的江南"单元（上）
图2-4 良渚文化独木舟（下）

生存的基础，"聚落—城邑—城镇"的模式烙印着深深的水的自然印记。为增加展示的立体性，我们制作了长三角形成的动态视频，重点演绎三次海侵前后海岸线及河流的形成变化过程，尤其强调以太湖为代表的重点水域的出现时间，突出江南水网密布的低矮平原性质，帮助观众了解江南地理的诞生。

通过重点凸显太湖流域和江南地区两组数据，太湖流域的河道总长度与湖泊总面积，江南地区的海拔数低于 50 米占比与日均温度、降水，并加入从古至今水道发展与气候变迁数据、更细致的地类地貌，从而更直观地体现江南自然环境的优越性，也保证了结论的学术性和严谨性。

江南因水而富有勃勃生机，而舟船则是江南人民最重要的交通工具，也是江南水乡的灵魂。我们重点展示 2010 年茅山遗址发掘的重要成果——良渚文化独木舟（图 2-4）。舟身长 7.35 米，最宽 0.45 米，深约 0.23 米，舟沿厚约 0.02 米，船形为头尖尾方，由整段巨木凿成。这是迄今为止国内考古出土的最长、最完整的史前独木舟，是研究中国水上交通史、了解良渚文化时期先民生产生活状态的珍贵物证资料。茅山遗址出土的独木舟是展览最重量级的明星展品，也是镇馆之宝。观众在重点了解独木舟的信息外，还可以从辅助展台了解到浙江出土的新石器时代舟楫文物情况。展柜上方播放的多媒体视频重点讲述了独木舟的修复保护过程和相关研究成果，该修复项目历时 10 年时间，其中部分修复手段在国内甚至是国外都是首次使用。独木舟修复保护过程经历了独木舟提取与搬运、表土清理、支撑定位、脱盐脱色、热浸渗透、冷冻脱水定型等阶段，修复人员通过多学科手段，尽最大努力采取文物信息，为其专门定制科技保护设备，最终恢复木质文物的物理特性和色泽，使其强度、硬度达到可展示要求。

图2-5 "古往今来"展柜

（二）古往今来 落花时节又逢君

　　江南历史悠久，人类活动痕迹可追溯至旧石器时代。近年来通过考古发掘，良渚古城遗址更是成为实证中华5000年文明的圣地。步入历史时期，江南于溪畔竹篁间诞生了不同于中原文化的吴越文化，独树一帜，形成了具有自身特色的礼制体系。魏晋以降，随着人口南迁和大运河的开通，江南地区不断得到开发，注入内生动力。至唐中期，江南已成为中国的经济重心。明清时期，江南已是中国经济最为富庶、文化最为昌盛、业态最为繁多、人才最为集中的地区，同时还是中国面临时代浪潮的最前沿。

　　在辅助图板上，我们绘制了江南历史变迁时间轴，展台搭配展示精心挑选的馆藏各个时期的代表性文物近40组。这种文物与图板相印证的方式，使观众

可以一目了然地了解江南各个时期文物的类型和特点并感受江南悠久厚重的历史文化底蕴。同时根据各个文物特点，我们精心设计文物展架，将文物各自的呈现效果达到最大化，并根据展线对文物进行层次性摆放，有效避免通柜文物叠加导致展示效果彼此重合的问题（图2-5）。

比如，红陶腰沿釜（图2-6）是马家浜文化最为典型的器物之一，材质为夹砂红陶，侈口、四耳、直筒形深腹、圜底，口沿下有一圈向外突出的腰沿，可以有效阻隔烟臱上熏。它体现了古代江南先民的智慧。

良渚文化以玉礼器系统而闻名，神人兽面纹的雕刻技艺更是独步天下。良渚文化展品组团中的神人兽面纹三叉形器（图2-7），整器光洁润泽、玉质牙白，正面中部浮雕出神人兽面纹，单圈为眼，外眶为椭圆形眼睑，桥形额，短横棱为宽扁鼻，长横档为大阔嘴。纹饰雕琢极为精细，足称微雕工艺杰作。

图2-6   马家浜文化红陶腰沿釜（左）
图2-7   良渚文化神人兽面纹三叉形器（右上）
图2-8   东汉青釉水波纹双耳瓷扁壶（右下）

　　江南是青瓷的故乡，数不尽的青瓷名窑皆坐落于此。展柜中被高高托起的东汉青釉水波纹双耳瓷扁壶（图2-8）造型新颖别致，特别引人注目。它小直口，肩部安衔环双耳，扁圆腹，高圈足外撇。腹部饰同心圆和水波纹，耳面饰三角纹和叶脉纹，上方贴横向"S"形堆纹。通体施釉，釉色泛黄，是早期成熟青瓷精品。

二、富庶鱼米乡——经济的江南

　　鱼米之乡，丝绸之府，阡陌纵横，桑麻满圃，河网密布，商舶往来，这是一幅独具江南风情的别致画卷。自中国经济重心南移完成后，江南就一直走在中国经济的最前列。这里是辐射全国的农业、商业、丝绸中心，有着全国最先进的生产方式。时至今日，它更是成为中国的金融业、制造业、航运、科技创新中心，一直引领着中国经济向前发展的浪潮。

　　该单元通过"国之仓庾 财赋实仰东南域""衣被天下 锦绣罗绮遍四方""农工相兼 百业昌盛济民生""商贾辐辏 小市鱼盐一水通"四个部分讲述勤劳智慧的江南先民如何因地制宜，改良生产方式和技术，积极发展农业、手工业、商业等业态，使江南成为"赋出天下，江南居十之八九"的繁荣之地。

（一）国之仓庾 财赋实仰东南域

自然经济时代，农业是人类发展的根本和基础，是推动经济进步的原生动力。长江下游地区是中国最早的稻作农业起源地之一，近年来的考古发掘证明，距今1万年前的上山文化时期已经开始种植稻米。至良渚文化时期，江南地区的稻作农业已经十分成熟，有着以茅山遗址和施岙遗址为代表的水稻田遗迹，根据稻田面积推算，水稻耕作产量巨大。我们挑选了良渚古城莫角山遗址出土的一小撮炭化稻谷进行重点展示，观众可以近距离观察千年以前的稻谷形态以此了解良渚文化时期先进的稻作农业。同时，我们绘制了长江下游地区新石器时代稻谷出土地地图与稻谷形态变化图表，以之作为学术支撑。

茅山遗址位于杭州市临平区东湖街道，其文化层内涵丰富，从马家浜文化、崧泽文化、良渚文化一直延续至广富林文化时期。其中，良渚文化的聚落由居住区、墓葬区和稻田区组成，布局结构相对完整，是良渚文化聚落考古的新突破。除此之外，还发现了良渚文化中期条块状稻田遗迹和良渚文化晚期大面积水稻田遗迹，是国内目前发现保存最好、结构最完整的新石器时代水稻田遗址。良渚文化中期和晚期水稻田遗迹的对比分析结果，反映了茅山遗址从开始定居时利用小块低洼湿地到后期大规模开拓湿地造田种稻的发展过程。

茅山遗址出土的牛脚印、水稻田和田埂遗迹是当时先民们进行农业活动的重要实证。我们对这些遗迹进行了科技保护，并突破展示空间的局限，将原件独立展示与等比例复原展示相结合，观众可以比照赏析，观赏史前牛行走的方式与步幅。同时，我们还将茅山遗址制作为光电地图，遗址的建筑遗迹、古河道、堤岸、灌溉水渠、稻田、田埂等区域依次亮光显示，凸显了茅山遗址水稻田遗迹的宏大规模，观众可以清晰地认识茅山遗址整个区域（图2-9）。

发达的农业经济离不开先进的生产工具和生产技术，江南人民的农具经历了从石质整地农具、石质收割农具到青铜农具、铁制农具的演变过程。江南地

图2-9 牛脚印、田埂遗迹展示

区逐步从原始社会步入封建社会，通过精耕细作的方式成为天下粮仓。火耕水耨、耒耜松翻、铁犁牛耕等生产方式的微缩场景展示，演示各个时期代表性农具的功能和使用方式（图2-10）。

　　智慧的江南先民充分利用江南地区众多的沼泽湿地、丰富的河道水网，因地制宜发展起先进的农田水利事业，创造性地开发圩田、塘田、湖田、堰田、沙田、梯田等垦田模式，耕地面积得到扩张，单位产量得到提升，"苏湖熟、天下足"的美誉也逐渐流传出去。世界灌溉工程遗产——太湖溇港微缩景观模型展示，配合知识岛讲述了古太湖人民如何实现将涂泥变为沃土的世界壮举。

　　宋代，经济发达的江南在赋税上缴方面已位居全国首位。明清时期，江南地区全国经济中心的地位进一步巩固。明成化八年（1472），江南各府的漕运正粮占全国正粮总额近一半；清嘉庆二十五年（1820），江南地区的基本田赋征额中，地丁银占全国总额逾六分之一，税粮占全国总额近一半，可谓是名副其实的"赋税甲天下"。

图2-10　农具展示

（二）衣被天下 锦绣罗绮遍四方

　　发达的农业经济推动了地区人口规模的快速扩张，加之北方战乱造成的人口南移，江南地区的人地矛盾日渐突出。智慧的江南人民另辟蹊径，积极利用江南盛产的蚕桑棉等作物，专业经济应运而生。南宋以后，江南的丝绸棉布日渐兴盛，在地区便利的交通条件下，尤其是通过海上丝绸之路，逐渐行销天下，可谓"日出万匹，衣被天下"。

　　江南地区种桑养蚕的历史十分悠久，早在新石器时代就已开始取丝织绸。1958年，浙江湖州钱山漾遗址中出土了距今4700多年的家蚕丝，这是迄今发现的世界最早的丝织品。明清时期，江南蚕桑丝织业逐渐发展为专业性的市镇产业，体系齐全，分工精细。江南也成为全国的丝织业中心，有着以辑里丝、清水丝绵为代表的产品。

图2-11 "衣被天下 锦绣罗绮遍四方"展区

　　石器时代，织绸的工具主要是纺轮，材质以陶、石为主，偶见玉质。1986年，浙江杭州反山良渚文化墓地23号墓中出土了3对玉饰件，是迄今已发现的中国最早、最完整的织机构件。通过研究，我们复原了织机的架构模式和操作方式，观众可以通过实物了解智慧的良渚先民是如何采桑织物的，理解新石器时代的纺织技术。

　　除去蚕丝，江南地区还以棉纺织业闻名。宋元之交，棉纺织业逐渐兴起，至明清日趋普及。江南地区的环太湖流域是全国最为重要的棉纺织产业中心和贸易中心，盛产以上海标布、嘉定棉布和常熟布等为代表的地方特产。我们以《农政全书》《御题棉花图》中的图像资料，供观众了解古代棉纺织业的棉纺和印染过程（图2-11），更让那些有纺布经验的观众回忆自身纺织工作的过往。

　　宋元以降，海上丝绸之路贸易日渐兴盛，有着一批以泉州、宁波、广州为代表的重要港口。依靠着沿海的优势，源源不绝的船队停靠在江南地区港口，将江南生丝、绸缎、棉布运往全世界，让江南丝绸闻名天下。

图2-12 "农工相兼 百业昌盛济民生"展柜

（三）农工相兼 百业昌盛济民生

得益于较高的商业化水平，江南地区的手工业同样很发达，有着种类繁多的手工行业门类，诸如制瓷业、印染业、铸镜业、糕点业、制茶业、制盐业等。发达的手工业门类反过来进一步刺激商品经济的发展，使江南地区最早出现了资本主义萌芽。在明清时期，工商业税赋已反超农业税收，成为政府最主要的经济来源。

　　当走到"农工相兼 百业昌盛济民生"展柜前时，我们可以看到柜内高低错落有致的青瓷器、形制各异的铜镜以及悬挂着的糕板等，可以想见此时制瓷业、铸镜业、糕点业等百业昌盛的景象（图2-12）。同时，在背部展板上，我们多方查找资料，科学绘制了明清时期江南地区手工业分布图，观众可以进一步细致了解江南各个地方兴盛的手工业门类。

　　两宋时期，江南地区形成了一批区域化规模生产的手工业品牌，人们往往会在产品上标明产地和制作者名号，湖州镜就是其中的典型代表。湖州镜产量丰富，行销全国，可谓是全国流通量最大的青铜镜，在考古发掘中数量众多且几乎遍布南方各地，浙江、四川、江苏、江西、湖北、湖南、福建、广东、广西等省份都有出土。湖州镜兴盛时间较长，从两宋一直到明清时期均有发现。在展出的湖州镜展品中，一件葵花边的宋代湖州镜，铜色青灰，镜面部分水银色明亮，中枢纹饰为一真人讲经，另一人手捧供物，后方饰花草纹，脚下一龟仰头，头顶仙鹤飞翔听经，中间上方有莲花宝幡，上书"湖州孙家造"，表明此镜出自私营作坊孙家之手。

制瓷业是江南地区十分重要的一门手工业，有着数量众多、风格各异的窑口，以龙泉窑、南宋官窑、吉州窑等为代表，其中龙泉青瓷最为知名。龙泉窑，渊源于唐，发展于北宋，而鼎盛于南宋，是当时青瓷的主要产地之一。通过考古发掘，瓯江两岸和松溪上游已发现古代窑址200多处，遍布龙泉、云和、丽水、遂昌、永嘉等县，形成长达五六百里的瓷业地带，规模极为可观。凭借着海上丝绸之路的便利，龙泉窑的产品陆续销至全世界，让世界为龙泉青瓷而惊艳。展出的青瓷展品中尤以南宋龙泉窑莲瓣纹双鱼青瓷洗较为精美。它宽沿，浅腹，矮圈足，通体施青釉，釉色光亮。内底有一对称凸鲤鱼，外壁呈叶筋状。

转到江南百工展柜的后面，一幅幅生动的、具有代表性的百工图案，以及讲述江南百工发展缘起等内容的知识岛，将江南百工板块内容进一步延伸、细化（图2-13）。

（四）商贾辐辏 小市鱼盐一水通

发达的农业和手工业源源不断地供给着相关产品，已超过原始自给自足的范围，多余产品便逐渐被用于商贸交易，进而促进商业的繁荣。明清时期，江南市镇中有着形形色色、规模大小不一、交易时间不同的市场。每到街市时间，

图2-13　江南百工知识岛

四方乡民便汇聚于此，进行商业贸易，好不热闹。远销全世界的江南产品，便是从这一个个热闹的江南市镇出发，销售至全世界。

　　江南因水而兴，密集的河道水网承担起了人与物的流动，水路乘舟出行是人们的首选。纵横交错的河道将江南一个个点位的市镇串联起来，形成了一个纷繁复杂的水路商贸交通网，有力地支撑了江南市镇经济的发展。除此之外，中国古代伟大的水利工程之一——大运河水道也从此经过。江南地区作为运河最南埠，通过大运河黄金水道源源不断地将一艘艘载满货物的舟船运往北方，有力地贯通了南北，

图2-14　江南舟楫模型展示

加强了商贸和人文往来。

　　在密布的河道水网中，纵横穿梭的舟楫是人们出行的交通利器，它不仅是河岸人民水运出行的承载者，更是河岸人民精神的归宿，在运河两岸形成了独特的舟楫文化。几千年来，随着技术的发展，穿梭的舟楫不断更新换代，类型更为丰富，让人们的出行更加便利，贸易更为繁荣。同时，舟楫还是人们丰富精神文化的场所，人们于此开展水上戏曲、迎亲宴请、游览观光，舟楫也是水上娱乐活动的承担者。为此，我们仔细地梳理相关学术资料，选取了最具代表性的江南舟楫，如乌篷船、漕船、画舫等，按照一定比例复原并进行高低起伏层次性展示（图2-14）。同时，"舟楫代步：江南的船"知识岛，通过知识检索和船模对照的方式更深入展示古代舟楫的演变发展、不同舟楫的功能类型等。

　　在发达的河道水网交通支持下，于人口密集处和交通要冲，江南地区逐渐形成了商业市集——街市。一批居民将街市贸易作为自己谋生的手段，在街市中稳定贩卖农业和手工业产品，并长期居住于此。"塘栖四市"是江南街市贸易的典型代表，分别是朝市、晚市、香市、庙市。我们通过对这一典型案例的解释，辅之以老照片，展示江南街市的繁荣，引起观众直接就近前往塘栖体验街市贸易的兴致。

明清时期，以籍贯身份、血缘姻亲为纽带的地域性商帮和商人群体也随着贸易的繁荣而渐次形成。通过同乡情谊和血脉联系，会馆与公所成为商业贸易中重要的行业组织，凸显鲜明的地域乡土色彩。这些组织往往会设置团体章程，写明成立的宗旨、目的、会则和规约，向知县提交并得到认可后备案，成为合法组织。同时，江南地区的州县府衙为支持商业贸易，往往颁布政策，约束不法商业行为，并严禁官吏恶意干扰正常商业贸易，有力地支持了江南街市贸易的繁荣。这些政策往往记录在石碑上，广告市民，像《吴县永禁官占钱江会馆碑》《奉宪勒石永禁把持烟业碑》就是其中的典型代表。

了解江南水乡市镇的繁华与独特后，在"商贾辐辏 小市鱼盐一水通"展区的最后部分，我们通过场景搭建，设计了一个沉浸式的水乡老街的建筑空间（图2-15），以期给观众带来穿越时空、梦回过去的体验。在这里，观众仿若置身于市镇老街中，以水乡市民的身份与店铺商家开展贸易。通过资料收集与分析，我们以江南市镇中的典型代表之一的塘栖市镇为复原主体，同时融合进一部分其他江南市镇的店铺元素作为补充添加，在有限的空间内尽可能地丰富水乡老街的内容，让观众多了解一些市镇老街的历史。同时，加入非遗制作和方言对话视频（图2-16），增强与观众的互动性，再合理设计灯光，给观众带来一个多维度的感官体验，增强观众身临其境的感觉。

步入水乡老街，映入眼帘的是水乡圆拱门，点缀了些绿色青苔，旁边是两个正在交谈的市镇商贩，一场回味水乡韵味的旅程就此开始。迈过拱门，左手边是一排古色古香的美人靠，于此坐下，仿若置身水道旁边，抬眼望去，便望到了河对岸的市巷水街。我们在美人靠对岸制作了一幅市巷水街画，通过光影的变化，体现了市

图2-15 沉浸式水乡老街场景（上）

图2-16 老街模拟掌柜方言对话（下）

三、诗意栖居处——生活的江南

经济重心南移完成后，得益于商贸的繁荣和商品经济的发达，大批的江南市镇形成，地区市民阶层逐渐产生。在基本的温饱问题得到解决后，生活在富庶鱼米之乡的江南人民开始追求生活的质量，由此引发了生活方式、风俗信仰、文化娱乐等方面的一系列变革。因而江南形成了材美工巧的建筑装饰、精细考究的服饰饮食、名目繁多的娱乐活动、清丽雅致的江南风物。这样的江南生活引领了中国的潮流，一切都是那么的诗意，那么的美，江南生活也成为历代文人笔下最生动灵性的主题。

该单元通过"烟柳画桥 夹岸人家尽枕河"和"风土清嘉 一方水土一方人"两个部分讲述江南市镇的形制和功能构成，更重点讲述江南的服饰、娱乐游艺、饮食、人生礼仪等风土文化，告知观众江南为何可以成为诗意栖居处。

（一）烟柳画桥 夹岸人家尽枕河

江南人民的生活环境基本都是"人家尽枕河"。市镇的形成与发展都要适应地区多水的特性，因而江南市镇往往以河道为交通要道及公共空间，临水建筑对水面实现了充分的集约、形式多样的利用，一幅小桥、流水、人家的清雅画卷于此徐徐展开。江南市镇成为水网密集地区建筑空间布局与亲水互动的世界典范。

为了能让观众对江南市镇有着更为清晰全面的认识，我们制作了一块触摸大屏，通过人机互动的展示形式，淋漓尽致地展示江南市镇面貌（图2-18）。在

图2-17　浣洗衣服的妇女

巷水街的黎明时刻、黄昏时刻、夜晚时刻，通过建筑透视增强画面的纵深感，再搭配商队启程进城送货的行为，让观众可以望尽水乡人的一天生活。低头望去，美人靠下面是水波涟漪的河面，观众仿佛置身一个雨天的水乡老街，起身前行，脚下踩的是真实水乡青石板，右侧是一排排铺席毗连的各色水乡店铺，有杂货铺，有布庄，有竹器店，等等。路过布庄时，里面的掌柜以一口塘栖话介绍着当日布匹，在清水丝绵店铺，我们通过视频向观众详细解说了国家级非物质文化遗产——清水丝绵的制作工艺。在丰富美味的糕点铺，各色糕点及价格牌等传达当日的点心应是何种。在老街的尽头，一名刚刚在河边洗完衣服的水乡妇女正准备回家（图2-17），不远处便是她的家，晾晒的衣服、分散的小马扎、分门别类摆好的蔬菜以及即将沸腾的茶水壶，以回家的场景让观众结束这段温馨的水乡老街之旅，旁边设置市街老行当的知识岛让意犹未尽的部分观众可以详细了解水乡老街的丰富内涵，满足不同观众的观感需求。

图2-18　江南市镇名录触摸屏

触摸屏的前半部分，我们多方查阅了资料，绘制明代江南地区市镇分布图，以直观的手段凸显明清时期江南地区市镇数量的丰富，昭示江南市镇的发展打破了府县城市一统天下的传统都市格局，开始形成新的多层次城镇体系。同时我们还通过"多媒体视频＋地图演绎"的方法，以通俗易懂的旁白讲述市镇从萌芽、兴起到兴盛的过程，以动态化地图展示各个历史时期江南市镇的分布变迁情况。在触摸屏的最后部分，我们制作江南市镇名录，详细记录各个江南市镇的信息，通过多种数字展示，方便观众凭借自己的喜好来选择想要了解的江南市镇，轻轻触碰屏上的市镇名称，相关市镇的真实照片和内容介绍就跃然于上，让其可以寻觅不同水乡市镇的特色，方寸之间游遍江南市镇。

　　两宋时期，伴随着商品经济的发展，基于不同的经济结构和地域特色，市镇逐渐形成了不同的类型，有环城市镇、农业市镇、手工业市镇、交通枢纽市镇、港口市镇及消费型市镇六类一级市镇。到明清时期，专业化分工越趋成熟，市镇类型更多元化，在一级市镇的基础上衍生出二、三级市镇，二级市镇主要是在农业市镇、手工业市镇、交通枢纽市镇三个一级市镇下面进行演化分类，如手工业市镇下面可以分为丝织业市镇、棉织业市镇等。三级市镇则是根据产业结构和分工进一步细分，如丝织业市镇下方又可以分为丝业市镇、织业市镇、染业市镇等。为满足观众更多关于市镇类型的知识探索需求，我们制作了江南市镇类型的互动电子地图，加入更多知识信息，如产业市镇群和航海外销路线等，方便观众用不同视角去探求市镇的丰富多彩。

　　江南市镇往往依傍河流发育成形，而河流的形态、流速等各不相同，依据不同的河流类型，江南市镇也形成了不同的形制与布局特点，其中以沿一河夹岸分布的一字形、沿两河交叉分布的十字形、星形、团形、双体市镇等形制较为典型。为了给观众更清晰的市镇形制认知，我们在展墙上制作了模拟沙盘。模拟沙盘以《塘栖镇志》中塘栖市镇图为复原对象，塘栖属于典型的交通枢纽型市镇，因明代运河改道而成为水陆交通要道，塘栖镇区街区布局沿运河而立，街区纵横两岸数里，为一字形市镇（图2-19）。在沙盘下方，我们制作了十字形、团形等市镇格局图，并搭配与之相对应的江南典型市镇（图2-20），方便观众用最快的时间了解相关内容。

　　江南市镇因河而兴，河流不仅造就了市镇商贸的繁荣，也承担了交通、货运、民众生活等多重功用。河道两岸往往设置了数量众多的水埠码头，既方便水乡居民卸送货物，也方便居民用取饮食起居的生活用水。水埠分为公用水埠、转船湾、私用水埠三种，根据所有权和开设位置有所差别。除此之外，在水埠旁的岸壁上多砌有系船缆绳的孔眼石，因像绳子穿在牛鼻上，故称"船鼻子"。

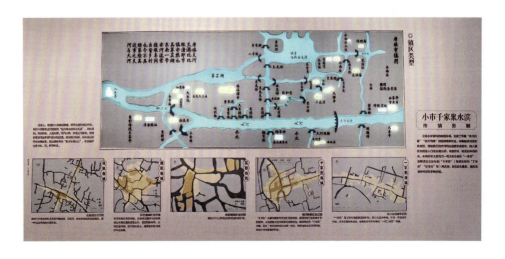

图2-19　江南市镇沙盘模型（上）

图2-20　江南市镇形制（下）

图2-21　不同样式的"船鼻子"装饰

　　"船鼻子"有着系船缆绳的功能作用，后续逐渐演化为一种艺术品，造型多样，寓意吉祥，是水乡儿女对于美好生活的一种表达方式。我们在展墙上复原了如意、花瓶中插三叉戟、仙鹿三种不同样式的"船鼻子"（图2-21），方便观众近距离体会水乡儿女对美好生活的向往，也传达我们对于每一位来此参观的观众的美好祝福。

　　江南市镇内的功能建筑更是讲究，处处体现水乡人民的哲学智慧。街巷布局和水乡建筑的建设绝非随意而设，而是水乡人民参考河流宽度、河水流速等因素有针对性的布置。像面河式街巷就需要河道宽敞，多公用码头，纵深空间充足，店铺可以采用上宅下店或前店后宅；而背河式街巷则以街为中心，沿河的一面坐拥水陆交通之便，多为下店上宅，街的另一面就基本是前店后宅。为了更具象化地展示水乡市镇格局，我们在水乡建筑单元搭建了一个市镇建筑布局的微缩模型，对市镇的空间使用进行相应解析，并在周边对相关建筑进行布局特点和功能解释，供观众了解水乡建筑（图2-22）。江南市镇空间解析的多媒体视频更详细、更学术地向观众讲述了水乡的空间哲学智慧。除此之外，为了增加观众的体验感，我们设置了一个大型数字交互装置，观众可以在显示屏上布局规划自己心目中的水乡市镇。但是各个水乡建筑也不是可以随便设置的，建筑的摆放要遵循水乡的布局哲学，摆放于错误的位置时会产生提示，提醒观众重新设置。春风化雨的形式让观众在玩乐之间便了解了水乡建筑的空间布局。

　　水乡戏台是水乡人民丰富文化生活的重要场所，往往位于古镇的中心位置。戏台不仅是一种建筑形制，更是地方特色文化的展示舞台。在江南市镇模型沙盘的正对面是播放着各种名戏的戏台（图2-23），与沙盘位置的中心广场相对应，既契合水乡建筑格局，也让观众在搭建完自己心目中的水乡市镇后，即化身为水乡市民，在自己的小镇中体验水乡社戏的趣味。在戏台两侧的展柜中，床花板、雕花木构件、人物纹木雕牛腿等这些水乡建筑和家具构件凸显着水乡美学，有着繁复精美的纹饰和人物图案，是庄重和奇巧的结合，工序烦琐，体现了江南水乡的高超手工技艺。

　　桥也是江南水乡的重要组成元素，在河网密布的水乡市镇，桥的存在缩减了水

图2-22　江南市镇模型及局部细节（组图）

图2-23　水乡戏台

乡人民的出行距离，极大便利了水乡人民的生活出行，正所谓"无桥不成水乡"。江南的桥也是水乡生活美学的体现，造型各异，桥桥相望，相互借景成趣，好一幅古韵悠然的画面。在江南桥梁展示区，首先映入眼帘的是横跨于展台上的塘栖广济桥复原模型。广济桥是目前大运河上仅存的七孔石拱桥（图2-24），是世界文化遗产——中国大运河的重要组成部分。通过复原模型，并对桥的部分桥体内部构造进行剖面展示，向观众直观展示和诠释广济桥的构建原理（图2-25）。广济桥的建设十分考究，处处体现着桥梁建筑与美学的结合。桥两坡各设石阶80级，由青石板上下错缝砌成；中间四个桥墩的东西两侧有长条形对联石柱；望柱呈方柱体，顶部琢成半圆球体；中心桥心石绘制了精美的纹饰图案作为点睛。观众通过展台上拓印

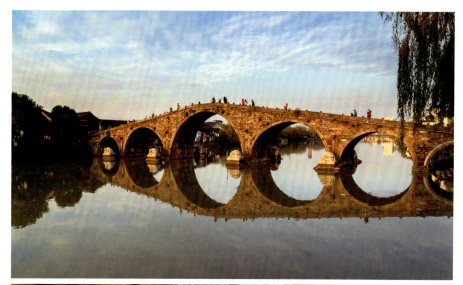

图2-24　广济桥实景（上）
图2-25　广济桥模型展示（下）

的纹饰图案感受这座运河上唯一现存七孔石拱桥的美学韵味。

通过广济桥模型上方的一组水乡古桥的实景视频，结合视频两侧江南典型桥梁的模型组，观众对各种类型桥梁便有了实际认知。在展墙附近，世界水乡和江南古桥两个知识岛，囊括了世界范围内的水乡及江南古桥名录，增强了展览的多元化、世界化。除此之外，知识岛对面展墙上的临平区现存古桥分布图，详细展示了临平区文物桥梁分布和保护现状，也体现了我们策展的理念之一 ——立足临平。

（二）风土清嘉 一方水土一方人

一方水土滋养一方文化，独特的江南水土孕育了别致的江南水乡人文，进而产生了别具一格的江南民俗文化。江南民俗文化的文化表征与江南本土自然、经济、社会特征相适应，内涵丰富，是江南水乡人民生活方式和价值观念的集中体现。

服饰伴随着人类文明的发展而发展，它从最初的实用功能扩展出礼制、装饰等多种功能。在江南水土的影响下，水乡民众制作出一系列适应水乡生产劳动的民俗服饰，实用与审美兼顾，经持续不断的创新和完善，形成了独具水乡特色的服饰文化。特别是江南水乡妇女劳作时穿着的服饰，有着朴素的美。此类服饰主要分为包头、大兜、小兜与衬条，拼接衫，作腰头与穿腰，作裙，大裆裤，卷膀，绣花鞋八个组成部分，俗称"八大件"。展柜中展示的服饰是江苏吴江地区一带盛行的服饰。为方便观众更好地了解这八个组成部分，我们在图板上一一标注出这八个部分，解释其功能（图2-26），同时我们还展示了儿童的部分服饰。

江南经济的繁荣也催生了种类名目繁多的市镇集市活动。在商业经济的带动下，丰富多彩的节日习俗与民间信仰交织在一起，每至节庆之时，手技杂戏毕集，报赛演剧连日不停，好一番热闹景象。

图2-26　江南服饰展示

　　在江南市镇集会中，最流行的活动莫过于戏曲消遣。城镇庙宇、会馆宗祠、游船水畔等场所，戏班艺人竞相演绎，同台竞争，台下观众好不惬意。因而，江南市镇的水乡社戏既内容丰富又形式多样，给予江南水乡人民一个丰富的精神世界。在市河一侧的"水乡社戏"的微缩场景（图2-27），台上柔美的戏曲表演余音绕梁，台下一艘艘乌篷船簇拥着聚集在舞台边，水乡人民坐在船头静静地欣赏着表演。国家级非物质文化遗产"水乡社戏"热闹的场景再现，瞬间让观众梦回水乡市镇，领略"水乡社戏"的绝妙风采。

　　在"水乡社戏"的左手边，我们选取了一批精美的水乡戏曲服饰进行展示。伴随着戏曲消费的兴盛，从业人员的戏曲服饰也变得日渐华丽和纷繁复杂，种类多样化。戏曲服饰是塑造角色外部形象最直接也最有效的艺术手段，在似与不似之间通过意象化的服装表达，更好地服务于戏剧中人物形象的塑造和个性

图2-27 "水乡社戏"微缩场景

的表达。在展柜中，重点展示的一身旦角的粉色服装，通过灯光的有效调配，方便观众了解服饰的精美，从而尽快入戏，代入其中。在"水乡社戏"的右手边，展示了一组戏曲乐器，包括笛、笙、月琴等。在戏曲表演中，乐器奏乐是为了契合剧本主题，可以起到为演唱伴奏、营造舞台氛围、调节与控制全剧的节奏等作用。

　　端午赛龙舟是江南民间最重要的节日民俗活动之一，其从最初的祭祀意义逐渐发展为一种重大民俗集会。人们于这一天汇聚在一起，开展众多娱乐活动。在"水乡社戏"对面展示的是清代风俗画《赛龙舟图卷》。画中不仅有市民赛龙舟的景象，在龙舟之上还有人荡秋千，更有市民聚会采买之举，盛况空前。在原作展示区隔壁，我们通过科技手段让《赛龙舟图卷》动起来，再辅以灯光联动和比赛声音，直接让观众代入古画中去，宛若身临赛场，实现互动体验（图2-28）。同时，在这一展区周边，我们还贴放了诗人记录端午盛会的部分佳篇，让观众一边诵读佳篇，一边进入画卷

图2-28 《赛龙舟图卷》及其互动体验

体味这一盛况。

　　说完江南的服饰与集会娱乐，那就不能不提到江南的饮食风俗。在早市散去之后，江南市镇人民的生活是闲适的。一碗喷香的熏豆茶，一份精致的糯米糕点，望着偶尔泛起涟漪的河道，江南人民可以在河道边上从容地过完这一天。在古镇中，茶馆是江南市镇上的一道风景线，部分江南人十分喜欢"孵茶馆"，即去茶馆娱乐消遣。茶馆既是人们喝茶休憩之处，也是洽谈生意的商业场所。我们在展厅里摆放了几张茶桌和板凳，旁边用馆藏雕花门窗做装饰，希冀打造出茶馆隔窗而望的场景，也供观众于此小坐休息一下（图2-29）。茶桌上江南茶

图2-29　茶馆休憩区

文化和市镇茶馆的知识岛，方便观众一边休息一边了解丰富的茶文化知识。

对于与茶馆相对的展墙，我们以微缩版的临平龙兴桥模型将墙面一分为二，龙兴桥后面通过三翻板艺术装置，不断变换早、中、晚的江南水乡风景（图2-30）。桥的两侧分别以江南花格窗为装置，内播视频，一侧为不同茶馆中喝茶聊天的场景，使休憩中的观众仿若置身于运河边的茶馆。在另一侧的展示墙上，三组循环播放的水乡美食制作过程的视频，传递着水乡人的饮食生活。受发达的稻作经济影响，江南饮食以稻米为主，加以丰富的水陆物产。同时，受几次北人南迁的影响，江南也融入了部分北方饮食风格。故而江南饮食具有多样化、精细化的特点，在精致细腻

图2-30　三翻板展示江南市镇早、中、晚变化

图2-31 塘栖美食展示

中杂糅着一丝粗犷。视频下方的展柜中一组精致的塘栖美食模型（图2-31），或许可以让诸多观众产生前往十几公里外的塘栖镇体验水乡美食的冲动。其中粢毛肉圆这道塘栖美食背后还流传着特别有趣的故事呢。话说乾隆皇帝有次下江南路过塘栖，欲尝塘栖美食。当时的仁和知县召集名厨制作各种美食，其中一位厨师不小心将肉团掉入了米缸，肉团沾满了大米粒，经过蒸熟后，晶莹剔透，味道也极美。乾隆皇帝用后，问此菜名。那名厨师慌张地说是"粢毛肉圆"。乾隆皇帝很满意，予以赏赐。厨师也因祸得福。自此后，这道菜便流传下来，成了塘栖的一道名菜。

美食需有精美的餐具。在展示水乡味道的同时，我们精心挑选了馆藏明清至民国时期的饮食餐具，以期更贴近百姓。其中清五彩《西厢记》人物瓷九子杯，大小紧扣，杯杯相和，杯上描绘了《西厢记》的人物发展故事。这套九子杯纹饰生动，釉光匀净，色彩雅致，体现了水乡美学，是江南水乡人民所用餐具的典型代表之一。

各种物品摆放于小孩面
有笔、墨、纸、砚、算
拈者"以预卜小孩的前
"，在古代又叫"拈周
带流行，如今已演变成
家庭游戏。

　　仓廪实而知礼节，衣食足而知荣辱。在水乡文化的孕育下，江南形成了一
整套完整的人生礼仪，从诞生成丁直至结婚丧葬，其中又以诞生与结婚最为隆重。
抓周是江南地区在新生儿周岁时，将笔、墨、纸、砚、算盘等各种物品摆放于
小孩面前，供小孩抓取以预卜小孩的前途和职业，蕴含着对新生儿健康成长、
事业有成的美好愿望。

图2-32 "十里红妆"展示

　　婚嫁是江南人民成长路上另一个较为重要的礼仪。旧时江南盛行重聘厚嫁之风，尤以"十里红妆"的场面最具代表。女儿出嫁时，父母为出嫁的女儿置办日常起居所需的一切家具器皿作为嫁妆。婚礼前一天，蜿蜒数里的嫁妆队伍从女家一直延伸到夫家，一眼望去十里皆红，以显示家产的富足。展墙上的"十里红妆图"，结合雕花床、红轿等出嫁家具器皿，真实再现了"十里红妆"出嫁的场面（图2-32）。

四、文采尽风流——文化的江南

在文化史的视野下，江南永远是文采风流、才人辈出、科举繁盛、地灵人杰的面貌，可谓"江南自古多才俊"。江南是中国古代文化的中心，曾有"一门七进士""九里三阁老"之佳话，凸显了江南重视读书之风气。江南还拥有数量众多的思想家、科学家和艺术家，他们是学术思想的引路人，科技进步的推动者，艺术潮流的弄潮儿，创造了中国古代文化中的江南佳话。

该单元通过"诗礼传家 一叶篷窗数卷书"和"园林拾古 清风明月是故人"两个部分讲述了江南浓郁的文化氛围、精致典雅的江南园林、文采斐然的江南佳作、陶冶情操的文房清供。

（一）诗礼传家 一叶篷窗数卷书

江南是一片书香浸润的土地，这里的村野巷陌间总是有着"村陌处处闻书声"的景象，充分体现了江南人对教育的重视和民间读书风气的盛行。江南还有"诗礼传家"的传统，希冀将文化礼节以宗族为单位一代代传下去，形成自身宗族的特色，因而在这里诞生了衣冠有名的世家大族，有着流觞修竹的文人雅趣。

自东晋士族南迁以来，江南文人的生活方式不断趋向艺术化、精致化、高雅化，诞生了以曲水流觞为代表的文人雅趣。到明清时期，雅集、宴饮、清赏更是成为江南文人的生活日常。在江南雅集展区，我们以曲水流觞图作为展示背景，意图再现永和九年（353）王羲之等名士兰亭修禊后饮酒赋诗的儒风雅俗。此外，我们还特意定制了水波纹展具和流水支柱，再加之耳杯、水盂、砚台等

图2-33 江南雅集曲水流觞

馆藏文物展出，给观众营造出曲水流觞的真实感，带领观众回溯至兰亭清溪旁，化身文人墨客现场即兴赋诗饮酒（图2-33）。耳杯是古代盛酒的一种器皿，两侧有耳，形状如鸟之双翼，故又名"羽觞"，为曲水流觞之重要用具。展出的西晋青瓷耳杯，平面呈椭圆形，侈口，左右附执耳，釉色青绿，胎质坚硬，是一件保存较好的青瓷精品。在展柜边，观众可通过知识岛更加详细地了解江南雅集与文人团体。

唐宋以来，名门望族、官宦文士，代有其人，文脉赓续，盛炽数百年而不衰。在文化名人展区顶部的LED屏上，不断滚动展示数百位江南文化名人的名字，同时精心挑选了以王蒙、唐寅、俞樾为代表的30余位江南文化名人，通过古画3D漫游场景，让观众跟随我们去探索江南名人和他们的人生历程（图2-34）。

向前走去，进入书斋展区。书斋外围是一片江南庭院园林造景，古朴精致的雕花门窗，绿色的芭蕉树，造型奇特的太湖石，观众低头可以看见两三条游动的红白鲤鱼，再透过圆形的拱门，直接望见江南文人的雅致书案以及背后的对联和书画，仿若直接步入江南古典园林之中，体味着江南文人的精神世界，寻觅着山水园林中的诗情画意。拱门上额为俞樾题"蛰庵"。

透过拱门，步入书斋，首先体味的是书香盈邑。一组雅致的书案摆设于中间，笔墨纸砚等文房用具摆放于桌上，书桌旁放着一件粉彩博古瓶，书桌背后放置清代

图2-34　文化名人展区

蒲华的一副行草对联与墨竹图轴（图2-35）。书斋摆设洗练素简、儒雅清隽，凸显着古代文人古朴清新的意境与雅趣。书桌摆设也是极为讲究，左右对称排开，展示中国文人尊崇的对称之美。从书桌展柜一一排开后，展示的一幅幅精致书画，进一步烘托展柜的文人意境。顾升，清代书画家，海派书画的代表人物之一。展柜中展出的作品是他的一幅山水图轴。画中坡石上数棵苍古大树高耸，枝叶茂密，右下掩映一座青瓦小亭，亭内一巾纶士子盘膝而坐，仰首远眺。左上署"兰渚顾升辛卯夏仲写"下钤白文"顾升印"、朱文"余冬印"各一。

在拱门内侧，分别为风雅塘栖、兴学育才、藏书刻书等板块，详细介绍了江南世家望族的读书、著述与藏书。塘栖不仅是运河上的水路交通要道，也有数量众多的文化大族，以卓氏、朱氏、劳氏最为知名。这些世家望族不仅著书立说，更是以收藏书籍为乐，有着以结一庐为代表的藏书楼。

图2-35　书斋内景

（二）园林拾古 清风明月是故人

　　提起江南文化，还有绕不开的园林艺术。离开书斋，我们制作了江南园林回廊展示区。江南文人将对高妙自适的山林之隐的向往，引入私家宅院，营造着清谈读书、觞咏娱情的清雅之所，体现着简雅萧疏的审美向度和大隐于市的恬淡心态，于方寸之间浓缩了文人的自然观和人生观。我们通过园林艺术理论、文人笔下的江南园林、江南园林的影响三个部分，还有塘栖园林、江南园林营造理念两个知识岛，详细讲述了江南园林的发展历史和人文理念。了解完江南园林的知识，进入回廊，便到了一个四季变换的曲径通幽处。在这里，我们通过投影演绎四时赏幽，让观众全景沉浸式体会江南园林的意境之美（图2-36）。春天，万物复苏，柳树条条，微风细雨下从园林之中透视湖水波澜；夏天，误入采莲深处，荷花别样红艳，听蝉鸣鸟叫；

图2-36　沉浸式四季江南园林展示

秋天，桂花、枫叶飘落，透过太湖石领略金风玉露时的无尽喜悦；冬天，落雪已至，步入湖中的白色世界，领略上下一白的湖光之景，品味盛开的傲雪古梅。在通道中，我们还设置了水波的投影，突出江南水乡的灵魂——水，让观众在行走过程中仿若置身湖边，久久回味江南园林中的自然之美与人文之美。

五、春风无尽绿——转型的江南

时光走入近代，在国门洞开、西风东渐的背景下，江南逐渐卷入国际化、工业化的洪流，成为中国最早受西方文化影响的地区之一。在多种外国势力与西方文化的影响下，江南在政治、经济、文化等领域的转型骤然加快，成为中国对外开放的窗口，也是世界看中国的第一视角。兼容并蓄的"海派文化"的出现，更是体现了江南文化开放、融会、创新和进取的精神品格。

如今的江南——长三角地区，是我国经济发展最活跃、开放程度最高、创新能力最强的区域之一。长三角区域一体化发展的国家战略，为厚重的江南大地勾画出更宏伟的蓝图。

该单元通过"西风东渐 多元文化新江南"与"海纳百川 贡献世界尽文明"两个部分讲述江南近现代的发展及其如何成为时代的弄潮儿。

（一）西风东渐 多元文化新江南

江南是最早被列强列为开放口岸的地区之一，受近代工业的影响，传统自给自足的自然经济被破坏，机械化的产业模式逐渐兴盛。海运、铁路、公路等交通方式日益普及；洋布、洋油、洋烛、洋火、洋皂等舶来品大量涌入；电灯、电话、电影等新生事物蓬勃兴起，江南面貌发生翻天覆地的变化。

图2-37　近代江南变革

　　这一部分通过近代工业、近代教育、社会变革、开埠通商四个展示组，选取江南机器制造总局、上海广方言馆选派第一批赴美留学生、大北电报公司电话局、上海外滩等代表性事物，以照片墙和多媒体视频的形式说明近代江南巨变，江南人民如何在西风东渐背景下实现多元的发展（图2-37）。

图2-38　长三角城市群协同发展展区

（二）海纳百川 贡献世界尽文明

改革开放以来，江南仍是中国发展最快的区域之一，成为中国对外展示的形象窗口。长三角区域一体化发展上升为国家战略后，江南地区将在国家现代化建设大局和全方位开放格局中发挥更为举足轻重的作用。展墙上通过长三角城市群协同发展的光电地图和多媒体视频，展示了长三角区域一体化发展的伟大规划（图2-38）。

图2-39 尾厅"我从江南来"展示

　　江南水乡古镇是江南地区最美丽的风景，是人们向往江南的诗和远方，是历史和现代的完美结合。我们制作了江南地区中国历史文化名镇名录和古镇申遗视频，向观众讲述江南水乡古镇这一历史传统如何在当下焕发出新的生机与活力。

　　在尾厅部分，一个未来之舟的模型悬空展示。江南水乡，舟楫遍布，舟已经不仅是一种普通的交通工具，还是一种江南水乡文化的象征，象征着江南人民锐意进取、乘风破浪的精神。通过未来之舟，我们希望激励每一位观众发挥活力、勇于奋斗，更好地构建自己心目中的美好"江南"。同时"我从江南来"的动态演绎视频，再次回顾了江南的发展、江南的包容，并在最后以江南的不同"乡音"唤起对江南的乡愁，走遍万水千山，最忆仍是江南（图2-39）。

　　走出尾厅，一眼望去，一条狭长的、诗意唯美的雨巷展示在面前。雨巷上空设置江南非物质文化遗产——油纸伞，墙案上印刻江南诗篇佳作以及做工精巧的木雕门窗，远处的投影映射出一个撑着油纸伞的江南惆怅姑娘，令观众自然而然地念起戴望舒的《雨巷》，脑海中畅想着江南的婉约细腻而结束展览（图2-40）。

图2-40　雨巷

春山一路鸟空啼

——唐·李华《春行即兴》

春风又绿

Again,
the Vernal Breeze Greens

春风又绿江南岸

　　陈列展览是博物馆的核心业务和特殊的社会教育形式，其中基本陈列是一个博物馆的灵魂，它的"好"与"不好"是影响观众对一个博物馆印象最直接的因素，这又与策展和实施水平有着密切关系。"江南水乡文化展"从展览的定位、内容的梳理、展品的选择到形式设计施工，是经历了被质疑、小心求证、大胆设计、精细施工的过程，也是一个以小博大、迎难而上、不断探索的过程，更是文博、文史、考古等领域的工作者对江南情愫的集中展现。

一、小展览契合大战略：展览定位

（一）初建的思考

　　对于举办江南水乡文化展，还需要从 20 多年前说起。2000 年 9 月，当时的余杭市政府计划组建博物馆。余杭的行政区划在历史上几经更迭，地理区位与杭州有所重叠，地方文化也十分相似。这给余杭的博物馆组建带来了一定困扰，其中最受影响的是陈列展览。如果以地方历史文化作为主要陈列内容，便会出现展览的部分内容与杭州历史博物馆重复的问题，并且作为区县级博物馆，再以行政区划的历史文化陈列定位，特色不明显，对于博物馆发展前景不利。同时，环太湖地区出土文物及文化内涵同质性都比较强。考虑诸因素，博物馆陈列主题需要重新定位。

为此，博物馆筹建组就博物馆陈列主题开展了调研。首先，邀请了浙江大学严建强等专家学者进行多次讨论，提出了"江南水乡文化"这一概念，并得到了专家们的认可。其次，听取了各方意见，并发出 120 份征求意见表，近 90% 认可"江南水乡文化"这个主题。最后，在此基础上，多次召开会议，深入讨论，于 2002年 3 月 7 日的区委常委会上从余杭区的地理位置及持续发展的角度出发，确定陈列主题为"江南水乡文化"，具体表述是"反映余杭历史，以闻名于世的良渚文化为切入点，立足余杭，展示中国江南水乡文化和民俗风情"。以文化地理学为策展角度，是对国内博物馆界长期以来只以行政地理区为单位设馆这一常规的突破。展览采用"感性入、理性出"的手法，选取江南地区具有代表性的元素并将之转化为设计要素融入整个展览中，再加以相关器物的配合，介绍江南水乡形成的原因、地理景观特征及对文化形成的意义，以及这一地区在中国文明构成中的地位。这样的展览组织概念，加上器物定位、信息定位有机结合的展陈手段，为博物馆展陈发展打开了新的视野。

（二）廿年的求证

区域文化是一个既抽象又具象的概念。具象到似乎人人皆有感知，又抽象到似乎总难找到足够的物件对其进行全面而又充分的表征。虽然确定了江南水乡文化的主题，但是如何在向公众传达好江南水乡文化内涵的同时，让公众对此更有信服力

图3-1　临平市民捐赠的杭绣（上）

图3-2　临平市民收藏的契约（下）

仍是个挑战。从 2003 年的建成开放到 2017 年启动改扩建的十几年时间里，我们从藏品、研究等方面不断证实举办江南水乡文化展的可信力。

文物藏品方面，在初建博物馆的时候，博物馆馆藏文物五六千件，种类虽然较多，包括陶瓷器、玉石器、书画、金属器等，但数量和质量上相对较弱，年代也以良渚文化及汉六朝为主。开馆后，我们通过征集、考古发掘、接受捐赠等各种途径，有计划、有目标地收集江南水乡文化和地区文化相关的文物藏品，藏品数量增加到 3 万余件，且藏品质量有了明显提高，为现在的展览提供了丰富的藏品积累。

首先，我们与当地居民和社区建立了紧密的联系。我们定期与居民交流，了解他们的生活方式、传统习俗和文化遗产。通过这种方式，我们能够获得一些居民家中保存的传统文物，如陶瓷器、木雕、织物等。这些文物不仅反映了江南水乡地区的生活方式，还展示了当地手工艺的精湛技艺（图 3-1、图 3-2）。

其次，我们积极与当地的文物收藏家和艺术家合作。他们通过展览、拍卖和捐赠等方式，向我们提供了许多珍贵的文物。这些文物包括古代书画、青铜器、玉器等，丰富了博物馆的藏品。同时，我们还与艺术家合作举办特别展览，展示他们的作品并探讨当代艺术与传统文化的关系。

再次，我们还积极参与考古发掘和保护工作。在过去的 20 多年里，我们与省市考古所合作，对临平地区进行了多次考古发掘。这些发掘工作不仅为博物馆提供了大量的文物，还为研究当地历史和文化提供了重要的资料。我们还与相关部门合作，对文物进行修复和保护，确保它们能够长期保存并展示给公众（图 3-3）。

最后，我们还通过购买等方式扩充了自己的藏品。博物馆定期参加拍卖会，或与文物商店联系，寻找适合展示的文物，丰富馆藏藏品。

总的来说，我们通过与当地居民、文物收藏家、艺术家和考古学家的合作，以及购买和交换的方式，积极进行江南水乡文化和地区文化相关的文物征集。这些努力为博物馆提供了丰富的藏品积累，使其能够展示和保护江南水乡地区丰富的文化遗产。特别值得一提的是新的考古成果及江南文献资料的征集。考古成果方面，十

图3-3 专业人员对展出文物进行修复

多年间，随着考古工作的深入开展，经过正式考古发掘的各个时期的文化遗迹不断涌现。特别是位于临平北部的茅山遗址，发现了大规模的水稻田、田埂等遗迹，还有目前保存最完整的良渚文化独木舟及独一无二的广富林文化时期的牛脚印遗迹。茅山遗址首次系统清理了与居址配套的稻田遗迹及相关的河沟、道路等重要遗迹，其中良渚文化晚期大面积水稻田揭露出了明确的道路系统、灌溉系统和完整的长条形田块结构，填补了太湖地区史前稻作农业发展演变研究中的空白，为全面系统研究新石器时代中国东南地区稻作农业的发展过程提供了珍贵的资料。这些遗迹也是非常典型的史前江南水乡的写照。另外诸如禾丰遗址出土的战国时期竹篓、木梯及汉代陶井等众多考古成果也是江南水乡文

图3-4　江南文献研究中心数据库页面

化的实物见证。

　　除了考古成果外，我们通过拍卖会等方式不断征集江南地区名人作品，比如章太炎、吴昌硕等人的作品。更结合馆藏实际，有针对性地征集文献资料，从临平当地到周边地区再到环太湖地区，逐步扩大征集范围，征集类型有古籍、账册、家谱等文献资料，全方位立体式地充实实物藏品。从丰富江南水乡文化资料角度，我们在筹建江南文献研究中心的过程中收集了丰富的文献资源，涉及历史、文化、艺术等众多领域，包含从民间藏家手中征集到的古旧文献 5000 余页，老照片 480 余张，地契 400 余张，古旧地图 1000 余张，通过对其中江南区域文献的搜集和整理，搭建了江南文献数据库（图3-4）。江南文献数据库集资源整合、后台管理、检索查询、在线阅读与全文下载于一体，利用数字人文技术对相关数据及分析结构做可视化呈现，绘制专题地图 100 张，上传口述历史 35 万余字，既实现了对文献资源的长期保存，为地区人文历史研究提供资料保障，也夯实了展览的展品基础。

不断丰富的藏品资料需要通过研究转化为可用的成果。我们在专业技术人员严重不足的情况下，多方借力，与高校、省市级大馆以及当地的其他科研机构合作，利用他们的智囊团和先进的科研技术，实现双方优势互补，通过开展学术课题、举办学术研讨会等形式，立足临平，面向江南，从文物藏品、地方历史文化的挖掘到江南水乡文化的挖掘研究，了解相关江南水乡文化的最新学术研究动态，获得最新研究成果。2009 年开始与华东师范大学历史系进行长期合作，开展"余杭、临平历史文化研究"课题，从野外调查、查阅档案等，收集到大量文献及口述资料，编辑出版了《余杭研究》《临平研究》《塘栖研究》《仓前研究》《径山研究》等。举办了"全球视野下的江南文化研究国际学术研讨会""历史地图集学术研讨会""江南市镇与地图文化研讨会""江南文化与京杭运河"等江南文化主题研讨会（图3-5)，与浙江大学、华东师范大学、中国人民大学、复旦大学等高校的专家学者建立了密切联系。这些为更好地举办江南水乡文化展打下了坚实的学术基础。

同时不断梳理馆藏藏品，通过举办各类原创性展览，研究文物藏品内涵，为江南水乡文化展打下藏品研究的基础。2007 年全面整理了径山寺历史，结合第三次全国不可移动文物普查成果，推出了"径山禅茶文化展"；2012 年通过分析整合考古发掘成果，与浙江省文物考古研究所、杭州市文物考古研究所等单位合作，推出了"考古余杭系列展"。该展览以时间为序，根据地方考古特点，分为新石器时代、先秦时期、秦汉时期、三国两晋南北朝、隋唐宋、元明清六个阶段，以考古学的视角全面解读余杭、临平的历史文化内涵。这个展览是一次将历史学、考古学、博物馆学相结合，全面解读和展示余杭、临平历史文化内涵的过程，为在举办江南水乡文化展时更好地将临平地方文化元素与江

图3-5　全球视野下的江南文化研究国际学术研讨会

南水乡文化相结合奠定了基础。"考古余杭系列展"入选杭州市可移动文物保护利用十佳案例。此外，对于地方名人也进行了整理、解读和展示。章太炎先生作为余杭仓前人，是中国近代民主主义革命家、思想家和国学大师。2011年辛亥革命100周年之际，我们联合环太湖地区16家博物馆，推出"一代儒宗，千秋巨笔——环太湖流域博物馆馆藏章太炎先生作品联展"。联展将各个博物馆馆藏章太炎作品集中在杭州市临平博物馆进行展示，并对章太炎先生的生平、成就进行了深刻剖析。2017年是临平亭趾人姚虞琴先生诞辰150周年，我们举办了"题襟海上话珍帚——姚虞琴诞辰150周年纪念展"（图3-6）。姚虞琴先生作为海派书画家，人生坎坷，

图3-6   题襟海上话珍帚——姚虞琴诞辰150周年纪念展

大器晚成，交友广泛，在金石学、鉴赏收藏、书画艺术等方面皆取得了一定成就。这个展览基本将其一生及其成绩、朋友圈进行了全方位整理，向观众还原了一个立体的形象。我们还整理出版了《题襟海上话珍帚——姚虞琴诞辰150周年作品集》。这些研究都为举办江南水乡文化展提供了丰富的学术资源，积累了庞大的学术人脉。

当然，除了通过自身努力积累的学术资源，无论是高校学者，还是浙江、江苏、安徽、上海对地方文化的挖掘，都产生了客观的学术研究成果，这些也是更好地举办江南水乡文化展的有力支撑。

（三）定位的确立

2019 年，中共中央、国务院印发了《长江三角洲区域一体化发展规划纲要》，长三角区域一体化发展上升为国家战略。中共浙江省委、浙江省人民政府相应推出了《浙江省推进长江三角洲区域一体化发展行动方案》，并提出了"诗画江南、活力浙江"的省域品牌主题词。2019 年，杭州也定下"全市域全方位融入长三角""全力打造长三角南翼强劲增长极"的目标。而驻守杭州北城门的临平，自然成为杭州北接上海、融入长三角的"第一棒"。在国家、省市发展战略导向下，杭州市临平博物馆作为推动地方文化发展的主要载体之一，其陈列展览需要顺应国家区域一体化发展的整体战略，打破行政区域的藩篱，充分发挥地方博物馆地域文化展示和传播平台的优势，激发当地观众的身份认同感，凸显现代博物馆在建立民族记忆共同体、塑造文化认同中的重大意义。

鉴于此，我们在策展时不仅要兼顾展览观念与技术的不断革新，学术理论研究成果的不断涌现，适应观众快速提升的审美与学习能力，更要拓宽展览边界，处理好展览视界与聚焦的关系，仍以文化地理学角度策展，通过地域、经济、生活、文化、转型五个方面全面解读江南水乡文化，植入临平元素，即"临平特色"。而"临平特色"又要与另一个基本陈列"此地自古繁华"通史陈列（图3-7）有所区别，具体为立足临平、面向江南，通过麻雀解剖式的方式全面解读江南水乡文化，唤起江南水乡的共同记忆，增强长三角区域的文化认同感，展现博物馆的责任与担当。

1."面向未来，强化认同"的宏观视角

过去、未来相统一。将原展览的时间线拉长，在历史时期强调环太湖流域的整体性，并增加近代江南转型、"长三角区域一体化发展"等部分，顺应新时期国家区域一体化发展整体战略的时代背景，把江南地区过去的辉煌与经验、未来的规划

图3-7　"此地自古繁华"通史陈列

与展望统一在展览叙事中，凸显现代博物馆在激发文化自信，塑造文化认同上的重大意义。

向上、向下相结合。既要向上爬梳，总结揭示江南地区的发展脉络，深入挖掘江南文化的精神特质，还要向下关注，展现栩栩如生、细节生动的江南故事，形成更有效的历史叙事，拉近与观众的距离，强化移情效应，达到博物馆培养情感、态度与价值观的教育目标。

2."远眺江南，聚焦临平"的精准叙事

在重新审视江南的历史发展之后，应该以何为关键点和突破口？阮仪三先

生在《江南古镇》一书中说："遍布江南水乡的大小古镇，凝聚了江南的自然风光和人物景观，是江南文明的聚焦点。"从中我们找到了切入点：市镇连接着乡村与城市，是城乡间的中介和过渡地带，对于提领江南地区的展示大有裨益；同时，通过市镇的勃兴也可以洞见江南地区从鱼米之乡到财赋重地的历史脉络。因而，在新展览中应特别注意这两者的反映。

近十几年来，不断涌现出新的考古成果与研究成果，大大完善了临平区作为江南水乡文化典型代表的材料依据。从历史上看，以太湖流域为核心的江南水乡文化在地域上与良渚文化具有高度的一致性，而目前所见唯一贯穿 1000 年良渚文化兴衰历程的玉架山遗址就在临平区；千百年来，临平人与太湖流域的其他吴越人共同创造了江南水乡文化；塘栖镇在清代曾经成为江南市镇的典型代表，被认为是江南市镇之首，那么在新展览中重新审视临平的江南水乡文化资源势在必行。

3."统筹兼顾，动态多元"的体系建构

江南是历史的、动态的、开放而多元的。它具有多重性，是范围随着人们地理知识扩大而变化的地域概念，也是代表富庶、发达经济体的经济概念，同时又是代表"江浙人文薮"的文化概念。全面性上，在结合文化地理学概念和馆藏文物优势下，我们确定了内容的基本架构，设置了"何处是江南——地域的江南""富庶鱼米乡——经济的江南""诗意栖居处——生活的江南""文采尽风流——文化的江南""春风无尽绿——转型的江南"五个单元，从地域、经济、生活、文化与转型等方面展示江南水乡文化，还原一个生动、立体的"江南印象"。动态性上，针对丰富、庞大同时又不断更迭的江南水乡文化知识体系，我们结合新的科技手段来兼顾静态陈列在内容体量上的不足，同时根据时代的变化进行实时更新，与主线叙事共同构建江南水乡文化的整体面貌，使整个展厅变得有趣、立体。另外，为避免展陈设备散落于博物馆中的各个展厅或者走廊、门厅等位置，要综合考虑，呈现集成效应。

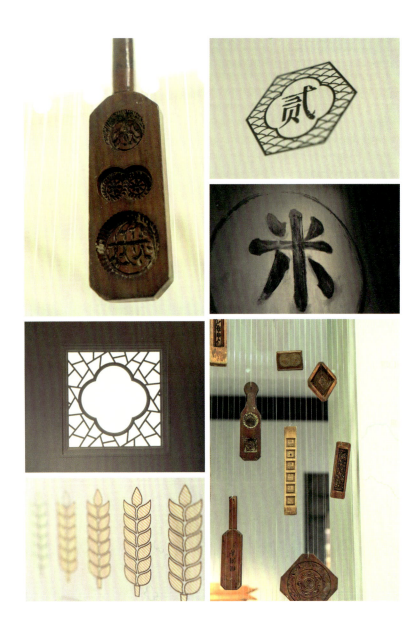

图3-8   江南水乡文化的符号化、写意化视觉呈现

4."虚实相间，空灵缥缈"的诗性审美

在过去的 20 年间，博物馆的空间审美逐渐偏向于通透、立体的现代风格，用整体的形态、色调来表征历史原型；同时，"小桥流水人家""粉墙黛瓦"，这些独树一帜的江南视觉写照都具有水一般的灵动与清丽，江南的繁盛和富庶也带着深厚文化底蕴，散发出雅致的书卷气。因此，新展览在空间审美上既要有新时代气息，又要将江南独特的建筑意向和美学气质融入其中，采用符号化、写意化的方式进行视觉呈现（图3-8），通过空间设计、色彩设计、照明设计等手段契合当代观众的审美和观感习惯。

（四）策展的标准

自 2003 年江南水乡文化陈列推出至 2022 年全面改陈出新，历经近 20 年，其间，中国博物馆快速发展，陈列展览理念和方式不断更新，因此在全面提升江南水乡文化展时，既要"守住"老展览的优点，补齐老展览的短板，又要"创出"新展览的品牌，实现地方博物馆的特征与使命，让杭州市临平博物馆新馆呈现一个有新意的面貌，因而我们确定了"守正创新"的综合目标，并制定了四条改陈标准：一是立意高。站在临平区新时代的十字路口，既要回顾过去，更要面向未来。在千年历史长河中，江南地区曾是辐射全国乃至世界的商业中心，今天的"新江南"——长江三角洲地区，是我国经济发展最活跃、开放程度最高、创新能力最强的区域之一，体现在文化建设层面，就是要求基于现代意识和全球眼光，建设具有当代价值的"江南文化"。二是定位准。原展览"江南水乡文化陈列"因时代、面积等局限，关于江南地区的历史发展脉络特别是江南市镇这一典型缩影的产生与发展，并未进行深入解读。另外，因行政区划的调整，原杭州市余杭区变更为余杭区和临平区，

临平区作为江南水乡文化典型代表的历史依据还需要根据最新的考古成果、研究再挖掘。三是体系全。在体系方面，原展览偏向"江南民俗""江南生活"的场景式复原，在地域、经济、聚落、日常生活、文化、近现代转型等几个方面全面展示江南水乡文化上稍显不足。四是手段新。面对展示内容的丰富与扩充，结合当下博物馆展览的新要求和观众的新需求，以信息传播为导向，以美学体验为载体，采用多学科融合互动的手段既可以提升观众参与度，也可以增强展览的可看性。

二、小切口诠释大文化：展览内容

（一）专题式叙事结构

依照行政区域设定博物馆，然后由博物馆反映行政区域的历史文化，是我国地方性博物馆的常态。这种方式可以直截了当地划定展览内容，有利于资源分配和行政管理。然而随着城市化的发展，它潜在的不确定性也逐渐暴露出来，行政区划完全有可能易时变更，博物馆的展示范围和内容就要随之做出相应的改变。不过，即使行政区划改变，地域文化仍然在那里，博物馆曾经想要或者已经展览的内核没有改变，这些比行政区划更本质、更隽永的东西，才是博物馆作为地区历史文化和传统的保存者与传播者更应该关注的东西——使某个地区具有凝聚力从而形成共同生活方式的文化。

对于一个地方性历史博物馆而言，基本陈列的主题内容大致是确定的，策划的重点就在于如何突出地方历史文化的个性。原余杭博物馆在建成之初，展示的内容与结构也自然而然地按照传统的方式安排。然而撤市改区后，地区之间的距离没有改变，但需要讲述同样历史的博物馆变多了。当人们心里明白我们的博物馆应当为讲述不同而设立，却又不能抛弃它同样的文化土壤，为这座博物馆另设一个"和而不同"的主题便成为迫切唯一的选择。

在一定自然背景下，在长期的历史传统中形成的地域文化，通过集体无意识作用于人们的行为方式、价值观和审美情趣，同时也塑造了一个地区基本的精神风貌。正是出于这样一种考虑，我们决定以文化地理学的概念来确立博物馆的主题内容。整个展览由"吴越春秋""江南市镇""水乡风情"三个内容组成（图3-9），由面到点，逐步深入，保证了从文化地理的角度对环太湖地区的水乡文化及其历史做整体的分析，又使得各部分内容及其表现方式有较大的差异。

但20年过去了，博物馆展览水平持续提升，关于"江南"主题的展览也有不少优秀的尝试，从省级博物馆到区县级博物馆，从大主题到小专题，各馆从不同角度在不断地探索、办展。2017年，南京博物院举办"浪漫苏格兰·诗意江南"展，其中"诗意江南"部分选取南京博物院收藏的明清绘画、文房用品、民俗文物等，对江南符号中的山水、园林、水乡所蕴含的雅致自由、灵动超脱等诗性精神做出诠释。将山水的灵动、园林的匠心和村落的古朴幻化为一片柔情，呈现一个令人魂牵梦萦的诗意江南。2017—2019年，南京博物院举办"海上画派绘画艺术特展"，分成上、下两辑展示，以期较为全面地呈现海派绘画艺术风貌和重要成就。2018年，浙江省博物馆推出"江南生活美学"展。展览以"琴棋书画、诗酒花茶"为主线，分成"香""闻""味""意"四个单元，通过香料、茶样、雕塑大师创意古琴、非遗丝织工艺作品、陶瓷工艺大师作品、书画作品等具有代表性的展品，展现中国江南古代的风雅生活，同时结合文学的体验，美感与生活，精神与感官，古今相照，多向交织，表达浙江丰富历史人文与文化底蕴对当今生活的影响力和江南古典美学

图3-9　原江南水乡文化陈列"吴越春秋""江南市镇""水乡风情"分区主题（组图）

精神的时代流变。2019 年，苏州博物馆举办"大邦之梦——吴越楚玉器·青瓷特展"。展览汇集了环太湖地区十多家博物馆藏品，集中展示春秋战国那段峥嵘岁月，共分"礼尚往来""乐享天籁""工艺融合""瑞玉为信""美玉为礼""巧玉为饰""工玉为器"等部分，重构吴、越、楚"大邦之梦"的文化内涵与融合历程。2020 年，苏州博物馆推出"江南佳丽——苏州博物馆藏仕女画精品展"。展览汇集了苏州博物馆藏仕女画精品，时间跨度从清代中期至近现代，形式上立轴、屏条、手卷、团扇、折扇、册页皆有，技法上则水墨写意、工笔设色以及浅绛、白描兼备，风格上大致以工细秀淡为主，意境上则以婉约娴静为尚。可以窥见明清以来江南闺秀之美。2020 年，苏州吴文化博物馆举办"吴门吾景——明清吴中山水胜景"特展。展览分为"山水胜景""城市山林""吴中叠韵"三个板块，以长卷、册页、挂轴等明清书画展品，结合竹林、庭院造景及现实景观视频的展陈方式，构筑出明清吴地与今日苏州胜景交融的瑰丽画面。2021 年，苏州吴文化博物馆又举办"启幕江南——草鞋山遗址与环太湖地区史前文明展"，展现史前的环太湖区域如何孕育出古老又神奇的文明，拉开了江南文化的序幕。2020 年，上海博物馆推出了"春风千里——江南文化艺术展"。展览精选近 200 件展品，从文物出发，以五大板块表现了崇勇尚智又文秀典雅的江南基调、安礼乐仪又旷达洒脱的江南性情、治平济世与明德修身的江南人物、阳春白雪与市井浮生的江南风尚、抱诚守真又开放兼容的江南气度……诸如此类展览，或从江南地区的某个阶段，或从某个门类解读和展示江南文化。

　　上述近 20 年研究成果，有助于我们了解学习有关江南主题的展览。避开原江南水乡文化展的弊端，在重新策划江南水乡文化展时，我们进行了新的尝试，便是将环太湖流域的江南水乡文化分成地域、经济、生活、文化和转型五个专题（图 3-10），结合临平地方历史，全面展示江南水乡文化内涵。

图3-10　"江南水乡文化展"的五个专题

（二）小切口大体系

　　"江南"一词，汉六朝以前泛指包括太湖地区在内的长江以南广大地区，汉六朝以后逐渐成为长江下游太湖流域的专称。关于江南的古代文献资料很多，汉乐府有《江南》曲："江南可采莲，莲叶何田田。"脍炙人口，是被之管弦可以唱的，谓之"清商乐"。经五代到宋，词又兴起，《忆江南》《望江南》《江南好》的词曲不可胜记。

作为人们心目中美好向往之地的江南及其文化是动态的，更是变化的。我们以观众视角提出问题：什么是江南？江南水乡与江南的区别在哪？为什么会产生让人们津津乐道的江南水乡文化？江南水乡文化特质是什么？江南水乡文化是什么样的？我们认为梳理清楚这些问题的答案便可诠释江南水乡文化。

1.明确地域范围

一切的人类活动首先在自然地理的条件上产生，同样当我们询问"什么是江南"时，首先需要解释的正是江南是如何产生的，即"何处是江南"。地域的江南不仅是名词解释、文化划分，更是一种源起和根基，是无论如何也绕不开的。无论是历史上说的"岭南以北，长江中下游以南"的江南，还是长江中下游及其以南的广大区域，江南都是作为一个笼统的地域概念。从其经济、文化发展水平及地域特征的角度，它亦可限定在明清时期的"八府一州"一带，即应天府（江宁府）、镇江府、常州府、苏州府、松江府、嘉兴府、湖州府、杭州府及太仓州，也就是今天的长江三角洲一带，这也成为江南水乡文化展的地域范围。这个区域地处北亚热带与中亚热带的过渡地带，四季分明，光照充足，气温适中，雨量充沛。地貌类型以平原为主，其间河网稠密，湖泊众多，江河湖海相通，自然条件十分优越。湖泊遍布，主要有太湖、淀湖、长荡湖、阳澄湖和淀山湖等。这个区域被纵横交错的江河、星罗棋布的沼泽和湿地以及四季丰沛的降雨，构筑成一个水的世界。

然而，关于地域的概念很多，有陇西、蜀中、辽东……一些地域概念随着时间的推移变化，时至今日已经不再启用，而"江南"仍然具有勃发的生命力，时时被人挂在嘴上念、在心里，除了优越的天然条件外，还因为它有着源源不断的存续动力——经济的江南为它输送鲜活的血液。

2.经济内生动力

　　江南地区从秦汉始，经过历代的开发、发展，至迟明代时，从蛮荒之地发展成为经济发达地区。为了形象地说明江南地区经济的发展，我们在不同历史时期选择了小的切口进行具体分析。

　　相对于北方干旱、疏松的黄土沉积平原，早期江南地区的人们，面对的是一片难以开发利用的黏土湿地。随着人口压力的增大和生产力水平的提高，勤劳智慧的江南先民，通过多样化的土地开垦方式，将太湖流域的大量低洼湿地逐渐开发为优质农田，田间经营也进一步朝着精耕细作的方向发展。这里逐渐成为全国稻米的主要产区，是名副其实的"天下粮仓"。考古证明，长江下游地区是中国最早的稻作农业起源地之一，早在距今 1 万年前，这一区域的先民已经开始栽培水稻。至良渚文化时期，原始稻作农业已十分发达，出现了用于犁耕、中耕和收割等用途的成套农具，水稻耕作面积和产量都远超前时，为该地区先民提供了比较稳定且可增长的食物来源，可以维持更多和更集中的人口，聚落规模由此扩大，农业剩余产品出现，专业化生产和社会分工也随之产生。在这里我们以临平最新考古成果——茅山遗址及其出土的牛脚印、水稻田、田埂等遗迹为具体内容进行重点说明。

　　随着江南区域自身经济的发展，历经历史上北方人口三次南移，江南地域人口急剧增加，江南人民大力开挖人工河道，兴建水利，筑江堤、河堤，造圩田、柜田、涂田、架田、沙田、围田等，社会经济快速发展。至唐以降，江南地区便是朝廷粮仓。在讲述农田水利部分时，我们选择通过对世界灌溉工程遗产——太湖溇港（图3-11）的详细介绍，体现江南人民克服自然困难的不服输精神。

　　宋室南渡后，江南进一步巩固了全国经济最为发达区域的地位。我们特别从赋税角度对此进行证明。江南是赋税重地，尤其是明清时期。明代江南八府在全国税粮总额中所占比重一直保持在五分之一以上。清朝钱泳的《履园丛话》载："今以苏、松、常、镇、杭、嘉、湖、太仓推之，约其土地无有一省之多，而计其赋税，

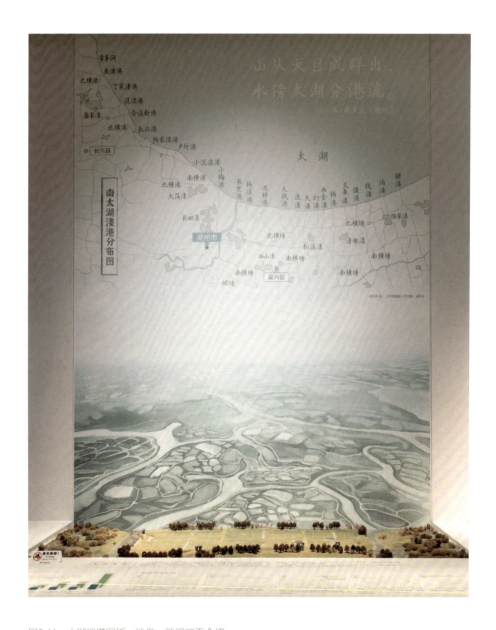

图3-11　太湖溇港图板、沙盘、数据三重介绍

实当天下之半，是以七郡一州之赋税，为国家之根本也。"此外，我们以最具江南特色的丝绸业为基点，延伸至发达的制瓷业、印染业、铸镜业、糕点业、制茶业、制盐业、酿酒业、榨油业、造纸业、制笔业、制墨业、锡箔业、矿冶业、造船业等，解析江南手工业、市集、对外贸易方面的发展，谓之商贾骈集、热闹繁忙的富饶江南。经济发展是文化发展的基础，决定或带动文化的发展。

3.具象重构拔升

    提到江南，总与小桥流水人家、屋檐的滴水、雨后的空气相关，这些绝不是方正的苏州府、吴中郡就可以框定的，要描绘江南，就要展现江南人的生活。生活的江南是它的具体表现形式。从材美工巧的建筑装饰、精细考究的服饰饮食，到名目繁多的娱乐活动，或华丽繁缛或清丽雅致的江南风物，这些日常生活的方方面面无不体现着江南人精致的生活态度、生活艺术和精神追求，并且常成为领时代之先的风尚。在江南人栖息的家园，处处皆有诗意的灵性。

    多水的环境也影响着江南水乡居民的生活方式。以河道为交通要道及公共空间的独特传统，临水建筑对水面充分集约、形式多样的利用，使江南古镇成为水网密集地区建筑空间布局与亲水互动的典范。人与自然的亲昵与和谐，在小桥、流水、人家的清雅画卷中展现得淋漓尽致。江南水乡独特的地理环境，促成了市镇"依河而设""夹河而市"的空间布局特征（图3-12）。市镇依傍河流发育成形，穿越镇

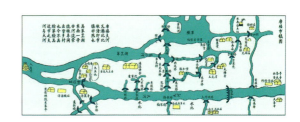

图3-12 展现"依河而设""夹河而市"的空间布局特征

区的市河两边通常形成街市，进入镇区的河道入口设水栅。依据市河、街区的布局特点，市镇形制主要有沿一河夹岸分布的一字形、沿两河交叉分布的十字形（包括变形的丁字形、廿字形等）两大类，其他还有星形、团形及双体市镇等多种形制。

一方水土养一方人。江南服饰历史悠久，相沿成习。民众在日常生活中，制作出一系列适应水乡生产劳动的民俗服饰，实用与审美兼顾，经持续不断的创新和完善，形成了独具水乡特色的服饰文化。江南地区的民众对岁时节日十分重视，节日民俗活动名目繁多。同时，江南各地素有敬事鬼神、迷信巫术的风俗，后又盛行崇佛信道之风，许多地区形成了各具特色的大规模佛会、庙会等集会活动，往往带有浓厚的商业气息和娱乐色彩。加之江南市镇经济发达，巨商大贾、士家大族云集，社会生活华奢。丰富多彩的节日习俗与民间信仰交织在一起，每至节庆之时，手技杂戏毕集，报赛演剧连日不停，街市上茶寮市列、歌管纷喧，骚人逸士、估客寓公无不流连忘返。

市镇上的生活是从容的。挑一家临街的茶馆，听一曲评弹，喝一碗喷香的熏豆茶，尝一份精致的米糕茶点……生活的涟漪，就在这里慢慢地荡漾开来（图3-13）。

和其他地方一样，江南人家也有各种各样的礼仪。但就个人而言，一生中最重要的是诞生、成丁、结婚和丧葬。这是一个人的生命历程，也是代复一代的生命传承。对人生礼仪的重视，是江南地区民俗信仰最鲜明的特色。

生活的江南通过对市镇形制和功能构成、服饰、娱乐游艺、饮食、人生礼仪等风土文化的解读，以沿河而建的民居、桥梁、戏台、茶馆等具象内容，让观众了解江南何为诗意栖居处。

五里不同俗，十里不同音，实际上江南各个区域在细节上也是千差万别的，不可一概而论。水边的人家与山脚的农户，也许有截然不同的生活习惯，是什么能够让这样一片广阔地域上的人们，在民俗有所差别的情况下，仍然保持高

图3-13 "水乡味道"展柜

度的认同感？是节日的遍历，是墨客的堆叠，是审美的互赏。文化的江南经过这些一次次得到抽象和凝练。

历代的江南文采风流，才人辈出，科举繁盛，地灵人杰。历史上三次大规模士族南渡，引领着江南完成了从"尚武"到"崇文"的文化转型。自宋以降，这里不仅是全国出科举状元最多的地区，多有"一门七进士""九里三阁老"之佳话，还涌现出一大批具有广泛影响力的思想家、科学家和艺术家，他们引领学术前沿，推动科技进步，成为时代的弄潮儿。至明清时期，经济的富庶为文化的昌明奠定了基础，作为中国经济、文化的中心，江南迎来了最辉煌的500年。

图3-14　陈列中的园林小景

　　江南虽一隅之地，然人才俊彦独多，名流辈出，称冠全国。这一现象的背后，是江南人对教育的重视和民间读书风气的盛行。自东晋士族南迁以来，江南文人的生活方式不断趋向艺术化、精致化、高雅化。尤其到了明清时期，江南文人面对政治压力和来自商人社会地位方面的挑战，雅集、宴饮、清赏成为他们的生活日常。这是江南文人在失落和彷徨的状态下，对文化生活的一种再创造。

　　江南园林是中国古典园林的杰出代表。魏晋南北朝以来，由于画家、文人热衷造园、赏园，他们将对高妙自适的山林之隐的向往，引入私家宅院，营造着清谈读书、觞咏娱情的清雅之所。这一文人化的美学嬗变，使江南园林逐渐从依山傍水的写实而至叠山理水的写意，不出城廓而获山林之怡，身居闹市而有林泉之趣。江南园林追求简雅萧疏的审美向度和大隐于市的恬淡心态，于方寸之间浓缩了中国传统哲学的自然观和人生观，是中国人理想中的精神家园（图3-14）。

　　仓廪实而知礼节，衣食足而知荣辱。江南重文，有着浓郁的文化氛围。我们择取具有代表性的精致典雅的江南园林、文采斐然的江南佳作、陶冶情操的文房清供等内容，在世家望族、江南园林、藏书楼三个板块巧妙植入临平当地塘栖古镇的元素，来展现一个灵动的、多元的、开放和包容的文化江南。

　　江南人是不舍得让"江南"永远留在记忆中的，但江南的未来又在何处呢？时代在发展，古镇在城镇化中消失，人们住进了高楼，枕河而眠已是旧梦，如何留住江南？转型的江南，讨论的正是不被消磨的江南精神。

　　近代以来，国门洞开，西风东渐，在"数千年未有之大变局"下，随着新生事物蓬勃兴起，铁路、公路等交通方式日益普及，原来建立在传统农村经济基础之上的市镇社会生活、生产生活方式和思想观念，在数十年间发生翻天覆地的变化。江南逐渐卷入国际化、工业化的洪流，成为中国最早受西方文化影响的地区之一。政治、经济、文化等领域的转型骤然加快。尤其是上海的开埠，不仅成就了中国近代工业的主要基地，更孕育出海纳百川、兼容并蓄的"海派文化"，集中体现了江南文化开放、融会、创新和进取的精神品格。而今的"新江南"——长三角地区，是我国经济发展最活跃、开放程度最高、创新能力最强的区域之一，昂首迈向新的征程，成为时代的弄潮儿。源远流长、博大精深的江南文化，仍将在更深远的层次上影响江南地区未来发展，为其屹立于世界之林提供深沉、持久的文化自信。

　　在中国，从来没有一个地方能够像江南这样，赢得众多文人墨客的青睐与礼赞。江南是一种符号，代表着优雅人生、精致生活；江南是一种象征，象征着山清水秀、繁盛富庶的家园。江南又是真实的存在，是综合地域、经济、文化的共同体。粉墙黛瓦的水乡，临河设街的市镇，稻美鱼香的原野，百业汇聚的街区，自得其乐的茶馆，香火兴旺的庙会，熙来攘往的商船，乃至民情风俗、风味小吃，无不体现江南独特的风韵和永恒的魅力。而一句"我从江南来"更是在江南人心中产生了情感共鸣。

（三）温情与诗意——展览文字

1.展览框架搭建

在确定了展览主题与内容后，通过大量的讨论咨询与提炼，我们基本确立了从地域、经济、聚落、日常生活、文化、近现代转型等几个方面全面展示江南文化，且每一环节都紧紧扣住"什么是江南"的展览框架，并将这些展览内核表达的关键问题凝练为"地域的江南""经济的江南""生活的江南""文化的江南""转型的江南"五大板块，这一共识贯穿了展览设计的始末。无论后期我们如何修改细节文字，这五大展览"筋骨"都未曾改变，这也让我们在撰写过程中始终拥有"主心骨"，避免了大部分无意义的内耗与偏移。

在陈列大纲中，我们实行"极繁主义"，用不同的字体和标识将拟摆放的文物展品、拟制作的装饰性展品、三维辅助性展品（包括场景再现、沙盘、模型等）、新媒体展品（包括视频、光电显示等）都写明穿插在上墙文字中，尤其备注展品组提示、设计说明、传播目的、资料来源、重点展项说明等（图3-15）。这些内容也许最后并没有体现在展览文字中，却成为它们托生的土壤，起到帮助设计人员进行信息组团、与形式设计师对话、与文物专家合作按需安排藏品、与展品制作公司沟通展品效果的重要作用。

在确定了展览框架和具体内容后，展览文字从初稿到最后上墙，经过十多次的大型修改。例如，我们认为各大板块的主标题"富庶鱼米乡""诗意栖居处""文采尽风流""春风无尽绿"都在未用"江南"描述江南的同时突出了经济、生活、文化、转型的特点，唯独原第一板块"地域的江南"的主标题"江南佳丽地"没能实现这两点。经过讨论，我们从"厘清江南的地理区域范围，是做好江南展览首先要解决的问题"这一角度出发——既然要解决问题，那我们何不替观众提出这个问题呢？于是，"何处是江南"应题而生。相比"佳丽地"，"何

5	827-5-384	战国铜铲	高6 刃宽6.2 銎3.5	1980年平幺供销社征集	
6	825-5-382	战国铜斧	高5.2 刃宽2.7 銎3	馆藏	
7	T08273③: 24	战国青铜锸	长5.6cm 背宽3.6cm 刃宽4.6cm 孔径2cm	2002年5月16日良渚街道姚家墩遗址出土	

- 【文物组合四】铁犁牛耕

序号	文物编号	文物名称	尺寸	来源	照片
1	0206-6-005	西汉铁锸	高13cm 刃宽15.5cm 銎厚2.8~12.7cm	1976年余杭造纸厂采集	
2	3343-6-043	西汉铁耖	长24.5cm 尾翼宽24cm	1990年余杭街道永建沙矿采集	
3	3268-6-031	西汉铁镰	通长30.3cm 宽2.8cm 隼长6.5cm	1990年余杭街道永建沙矿采集	

| 4 | 3263-5-744 | 汉三角形铁铧犁 | 高10.5 刃宽7.5 銎宽6.6 | 1989年永建砂矿东唐村 | |

- 【微缩模型组+图版】
  ① 火耕水耨（nòu）

  先秦至秦汉时期，南方稻作农业处于火耕水耨阶段，尚未形成精耕细作的经营方式。火耕是在整地播种阶段，先烧掉田间杂草，然后翻土播种，烧草可以灭虫，草灰可以肥田，均有利于稻禾生长，水耨是待禾苗长到一定高度，或直接灌水入田淹没水草，或拔除田间水草后压入泥中并灌水，使水草沤烂用以肥田。

- 茅山遗址良渚古稻田地层炭屑含量

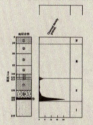

  茅山遗址良渚文化时期的古稻田耕作地层呈黑褐色或褐色粉沙质粘土，土壤中不仅包含大量的植物残体，而且含有大量的炭屑，表明稻田耕作过程中曾频繁用火。

  （资料来源：《浙江余杭茅山遗址古稻田耕作遗迹研究》）

- 《史记评林》中"火耕水耨"的解释

图3-15　详细分类标注的陈列大纲

处是"以疑问的方式开篇，自然而然与前言相接，又极为效率地引出关键解答，还能够贯穿全程，引领串联后面四个板块，这一改动得到我们的普遍认可。

"何处是江南"成为最新的第一板块主标题后，我们又从中获得了灵感，大幅修改了展览序厅前言。以下是原稿确认的前言：

> 每个人心中都有一个不同的江南，每一个江南都承载着人们共同的美好愿望。
>
> 江南是历史的。自从中华文明曙光最早在此升起，这里就注定阅尽家国的盛衰、人事的代谢、时代的变迁。
>
> 江南是生活的。蚕桑鱼米，男耕女织，乡村富庶，市镇繁荣，孕育出典型的农耕生活和丰厚的物质财富，经由运河输出，通济天下。
>
> 江南是人文的。小桥流水，寻常巷陌，弦诵之声接于四境，科第仕宦绵绵不绝。这块土地涌现出的衣冠大族、学术世家，代表着传统文化的极致。
>
> 江南是传奇的。人与山水，艺术与生活，信仰与世俗，风雅与日常，若绿水之于蓝天，白墙之于黛瓦，入史入文，可稽可考，入诗入画，可叹可咏。

可以看到，原稿前言通过传统总分式结构，概括了展览框架。但一方面这种概括过于照本宣科，略显"土气"；另一方面除"生活""人文"两段外，"历史的""传奇的"实际上也脱离了我们的五大板块，陷入了另起炉灶的怪圈中，没能相互对应说明问题。以下是修改后的前言：

> 烟波桨声里，何处是江南？不同的人有不同的回答。
>
> 气象学家说，江南是"黄梅时节家家雨"；
>
> 语言学家说，江南是"醉里吴音相媚好"；
>
> 经济学家说，江南是"东南财赋甲诸州"；

诗人说，"游人只合江南老"；

士绅说，"此中耕读两相宜"；

百姓说，"此处胜天堂"……

江南自古就是一个动态、多元的概念。它不但是地域概念，其范围随着人们地理知识的扩大而变易，而且是经济概念，代表一个富庶、发达的经济体，同时又是文化概念，是"文章锦绣地""江浙人文薮"。

正是在纷繁叠映的印象中，"江南"之处渐渐明了——这个唇齿间的美好词语体现了中国人心中对理想家园的极致向往。时至今日，这里依然是中国经济、文化最发达的地区之一。

新的前言通过诗句，将地域的自然气候与语言、经济、文化、生活这些板块自然地融入不同人的回答中。观众读到此处，也不由地跟着思考自己将会如何回答。接着通过概括，加上了对新江南的向往，也为最后的江南转型留下了伏笔。

但因我们设计的前言板在展厅之外，经过考虑，我们更希望配合青石路面、模拟水面、雨丝等装饰，提前营造出更朦胧梦幻的氛围。这一版则改为第一单元"何处是江南"的单元前言。

综合两版文字，择取既概括又诗意的长处，最后确认的前言如下：

"人人尽说江南好，游人只合江南老。"一方江南，是历代文人魂牵梦萦的精神寄寓之乡，也是今天人们依旧心驰神往的诗意栖居之所。

释江南，离不开水乡的小桥流水、春雨杏花——

纵横的河网经历沧海桑田的变迁，折射出泱泱中华第一缕文明之光；连绵的雨丝浸润钟灵毓秀的水土，赋予了江南文化如水般汇通畅达、刚柔相济、有容乃大的智慧与气度。

望江南，看不尽水乡的鱼米蚕桑、粉墙黛瓦——

　　从饭稻羹鱼、地广人稀到物阜民熙、俊贤歆集，江南文化厚积薄发、后来居上，源源不断地向天下输送着富庶和才智，在中国文化版图中独领风骚。

　　忆江南，绕不开水乡的富丽精致、风流儒雅——

　　物质享受和精神追求同时并存，俗与雅交错并融，兼容并蓄、异彩纷呈的江南文化创造和江南生活方式，极大丰富了中华文化的审美趣味与诗意情怀。

　　"若到江南赶上春，千万和春住。"我将春风约作伴，邀您共摇一棹春水，重回梦里江南，同赴文化水乡。

　　这版前言以诗句开头，说出人们心中的江南，再以诗句结尾，以"我""你"的第一、第二人称，邀约观众重回梦里江南，同赴文化水乡。其间以"释江南""望江南""忆江南"三个排比句，将江南的地理环境、历史发展、文化内容与特质悉数写出。文字高度概括，以诗意唯美的语言与观众共情（图3-16）。

2.语言风格设计

　　在深化设计阶段，我们确定了展览文字以版面、知识链接、说明牌、知识岛等形式中英文呈现。强调版面文字层级分明、精练简洁。在形式上采用清秀的字体，颜色采用水乡绿，清新淡雅（图3-17）。展品说明、知识岛等内容丰富、图文并茂，以增强观众自主探究的意识。经过反复斟酌形成的展览文本语言大致有着三个方面的特点：诗意、简洁、温情。观众可以在字里行间感受江南水乡韵味。

　　诗意是展览文字最鲜明的特点。江南在人们心中是诗情画意的，运用诗意的语言更容易与观众形成情感共振，勾起观众的遐想和回忆。但展览文字的最终目的是实现内容的科普教育，不可能任由我们无限创作，到最后反而只有"诗

图3-16　最终定稿上墙的前言

意"没有内涵了。那么在哪些地方诗意是比较合适的呢？前言、结语、单元的引言，是介绍单元的主题和目的的，在引入主题氛围时，我们就多采用诗意叙事的方式。例如：

秦汉时，江南还只是"地广人稀，饭稻羹鱼"的偏荒之地，西晋末年永嘉南渡，江南迎来了第一次大规模的开发。唐宋以来，经济重心南移，江南一跃而为"赋出天下，江南居十之八九"的财赋重地。南宋时，"苏湖熟，天下足"的江南，呈现出以农为本、以工商谋富的新格局。至迟明代时，以太湖流域为核心的江南地区，已然形成一个紧密相连的经济共同体。

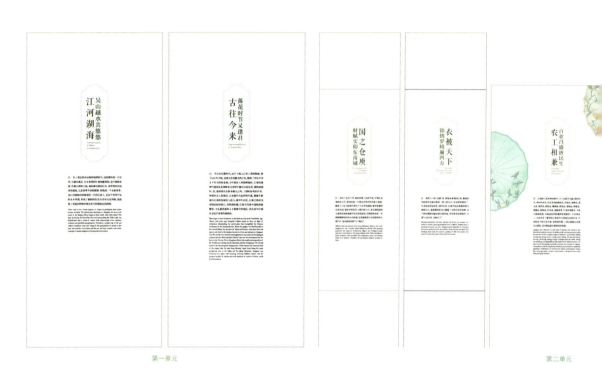

第一单元   第二单元

图3-17　版面文字样式

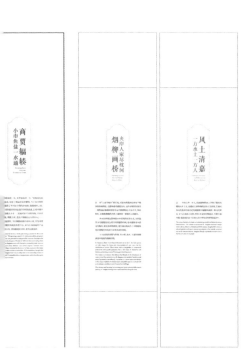

第三单元　　　　　　　　　　第四单元　　　　　　　　　　第五单元

这一段是第二单元"富庶鱼米乡——经济的江南"的单元文字。我们创造性地将诗句作为形容词，来描述不同时期江南"偏荒之地""财赋重地"的特点。这些诗句直白易懂且极具概括性，令人读之就能体会到特点的程度之深，同时感到朗朗上口。又如结语部分：

> "我打江南来！"一声江南，浓缩了水乡人血脉中流淌的历史荣耀与文化自信，也饱含着他们对这方水土的深情眷恋和满怀希冀。
>
> 山水形胜之江南，文脉绵长之江南，繁华富庶之江南，婉约典雅之江南，意气慷慨之江南，闲适隐逸之江南，经世致用之江南，开放进取之江南……每个人心中都有一个江南，入史入文，可稽可考，入诗入画，可咏可叹，含蓄而动人地揭示了中国文化传统中深植的江南情结与江南认同。
>
> 走过四时更替，览阅千年变迁。从文明起源的圣地出发，沉醉于富庶鱼米乡，流连于诗意栖居处，归心于民族精神的家园。愿此趟水乡文化之旅，为您留下一段独特而隽永的江南记忆。
>
> "春风又绿江南岸，明月何时照我还？"盼与您胜日寻芳再相逢。

结语与前言遥相呼应，以"向往"带入，以"眷恋"结束，以"邀您"参观为缘起，以"盼与您"再相逢为约期。回忆的过程也是总结整个展览的过程。

用诗句来当小标题，非常有画面感。"财赋实仰东南域"体现了江南成为全国稻米主要产区，作为"天下粮仓"的地位；"锦绣罗绮遍四方"描绘了江南桑蚕纺织远超自给自足的范畴，出产的丝绸棉布输出到全国各地乃至海外的景象；"百业昌盛济民生"点出了江南制造行业市场化程度高，为商品经济蓬勃发展提供生长沃土，而正是有了繁盛的工商业作为传统农业的补充，江南民生经济才经久不衰的良性循环；"小市鱼盐一水通"展示了江南市镇活动的热闹与商品流通的频繁……这些具有韵律节奏感的小标题不仅为小节内容提亮了重点，也在无形中渲染出诗意的氛围。

简洁是展览文字最极致的追求。展览文字避免使用过于复杂的词汇和长句，能准确地传达展览的主题和内容，让观众能够轻松理解。例如，提到江南水乡，总是离不开"水"字，为避免使用重复性语言，我们在"江河湖海 吴山越水共悠悠"板块中，采用"汪洋""潮""东海""太湖""江河""沼泽""湿地""降雨"层层递进，字字不提"水"，但无形中已经构筑出一个水的世界，从而引出总结性的"水乡泽国"，自然地使对这片土地的描述增添了湿润悠然的意味。

展览文字总体按照一定的逻辑顺序进行组织，让观众能够清晰地了解展览的内容和展示方式，如总序讲"何处是江南"，分项就直接点出"地域""经济""生活""文化""转型"之处是江南，让参观者每行至下一板块，就能想起从始至终在回答这个问题，每一个新的主题都从一个解答的角度丰富着"江南"的具体概念。

展览文字与展览的图表相结合。我们将所有的图表都按照文字内容与整体风格重新绘制，在融入展览的同时提供更多纵横对比的信息，加强简洁文字的直观性。

在与观众的互动中，我们最期望产生共情的效果。通过描述、引用、解释的多样化方式表达自然景色、人文风情、民俗文化，采用一些有趣的语言方式，吸引观众的注意力，使观众感到亲切，勾起与之相关的江南回忆。"种季稻来吃一年，养季蚕来用一年"，这样的俗语正是江南百姓生活中会说会聊的，生动地反映了江南商品供应能力之高。"四乡农民撑船赶集，缚缆上岸，赶赴市镇商业活动的中心——街市。有谁能想到，今日娴静淡雅的水乡古镇，曾是商贾骈集、热闹繁忙的商品集散中心，来自江南各地的产品便是从这里出发，进而输送到全国，甚至远销海外。"这样独特的、话家常式的今昔对比文字，就仿佛江南人之间互相感叹世事变迁、时代发展一样，连接了展览与观众之间共同的回忆与畅想，使参观者的情绪代入感增强。

"在这片书香浸润的土地上，江南人家将最朴实的生活理念浓缩成最简约明晰的家训，村野巷陌间'书声与机声日夜相伴''村陌处处闻书声'的景象，正是江南人'诗礼传家''耕读传家'的真实写照。"这段文字精准地解答了江南人是如何重视教育的，同时避免了严苛的定性。将民间读书风气盛行归纳为江南人"最朴实的生活理念"，暗示与江南人守正、务实的性格有密切联系，这种个性精神的共通更体现展览文字的温度。

3.精雕细琢打磨

在确定并完成展览文字的总体风格搭建与落地后，我们也多次对它进行了校对和修改。先由每个策展人分别校对，接着相互交换校对，最后团队集体逐字逐句修改，确保文字的流畅性和准确性，有时一个词的替换都能让我们琢磨许久。

如"衣被天下"的节说明，原为"南宋以来，江南地区农户发展专业经济的主要内容，是栽桑养蚕与植棉。不同于传统的一家一户、男耕女织，江南地区的蚕桑棉纺织业已经超越了自给自足的范畴"。这几句本身已经比较简洁明了，但当我们通读全篇，还是发现传统的桑蚕织业运作方式已经在前一板块中描述过了，无须在此再承上启下，于是最后简化为"南宋以来，江南开始以栽桑养蚕与植棉为主，蚕桑棉纺织业已超越了自给自足的范畴"。避免了冗余重复，仍然能够没有障碍地说明问题。

又如展览标题原为"最忆是江南"，这本是人们想到江南耳熟能详的词句，但放在此处，与我们打破常规的展览方式和展览形式相比，显得传统且普通。接着我们想到从"镇厅之宝"良渚文化独木舟出发，将"舟船"作为主要意象，以"一棹春水寄相思"为题，体现出前进与动态之感。不过考虑到使用了较不常用的字且字数过多，概念冗杂可能影响展览宣传，还是放弃了。最终综合好记、好念、好畅想的特点，我们定下"春风又绿"的展题，不仅与"春潮涌动，江南盛景今胜昔"的"无尽江南"概念相衔接，也暗示江南水乡文化陈列经过20年的积累打磨，重新焕发生机的经历，表达我们整个策展团队对所有参观者美好未来的期望与祝愿。

（四）无尽江南：内容拓展

　　作为一个人文概念，"江南"本就是无尽的，任何策展团队不可能在一个展览中说尽江南。他们会根据自己对江南的理解，选择可以代表江南特点的有限的内容进行详尽、细致的解读，向观众传达江南水乡文化。但是展览空间是有限的，如何在有限空间和无尽的内涵之间衔接好"有尽"与"无尽"，成为我们需要解决的问题。

　　江南水乡在人们眼里是诸如小桥流水、杏花烟雨、文化风流等碎片式的概念。说起它，人们总能说出几个词语来证明自己知道"何为江南"。而从策展的角度，我们需要将这些只言片语进行整合重构，向观众传达一个整体的江南印象。为此，策展团队在内容设计时将内容分为主线和副线两条进行。主线上，这就需要我们在无尽的江南概念里精挑细选，在有限的图板中第一时间让观众读到需要了解的信息。这就是展览中的前言、标题及说明文字。观众在这些内容文字中可以对江南有整体概念，知道"何处是江南"、江南的自然环境、社会经济发展、江南人生活状态以及江南未来的发展。但是有些内容并不是不重要而不在明显处展示，它们同样是江南文化的一部分，同样需要向观众传输展示。为此，我们通过知识链接、知识岛、"魔墙"等多种方式将副线内容融入展览中。例如，江南古镇繁多，每个古镇都有着自己的特点，它们共同构成了繁华市镇，缺一不可。在讲述古镇布局类型时，仅展示了古镇的几种布局类型，并以《塘栖镇志》中的塘栖古镇图展示其形制，对于其他的古镇布局类型则以知识链接的形式收纳其中。特别是江南地区繁星般的古镇，为了不厚此薄彼，将它们悉数收入可以"无尽"展示的"魔墙"中，观众可以通过触摸，了解到不同古镇的名称、位置、特点等内容。而在古镇建筑格局的板块，以图表结合沙盘模型的方式，形象地展示古镇中面河式和背河式的建筑空间布局，以及店铺、民居等水乡建筑的空间层次。而水乡建筑不可或缺的门、窗、马头墙等构件，对于观众来讲是江南直观印象，我们以图文并茂的形式归纳到知识岛中让观众查阅（图3-18）。说起江南市镇的类型，南宋以来，因不同的经济结构和地域特色，

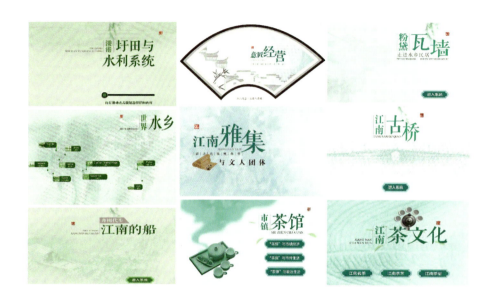

图3-18 各类触屏知识岛

江南市镇呈多元化发展，逐渐分化出环城市镇、农业市镇、手工业市镇、交通枢纽市镇、港口市镇及消费型市镇六类一级市镇。明清开始，基于专业化分工的成熟，市镇类型的分化更为精细，六类一级市镇又细分为不同的专业化市镇。对于如此复杂的信息，知识岛是最好的展示平台，我们通过各类型市镇分布图和文字说明清晰直观地向观众传递市镇类型发展演变和分布情况。诸如此种的副线内容在展览内容设计中占有很大的比重。

江南是每个人的江南，如果只是以策展人的身份讲述何为江南未免过于傲慢，就像一件艺术品是由艺术家和每个参观者共同构成的一样，观众对于展览的补充更是重要的一部分。因为江南地区是代代江南人创造的，时至今日，无

图3-19 当地人曾使用过的纺车织机

论是老底子的江南印象，还是当代快速发展的江南现象，总会在每代江南人心里留下深深的印记，让他们不断地传颂。

因此我们在展览某处设立留白，当观众带领他们的亲朋、孩子来参观时，他们讲"这就是妈妈爸爸小时候用过、看过、参与过的"。在展厅里勾起关于江南的回忆与向往，也是我们在内容设计时需要引导和激发某些有类似经历的观众回忆和主动传播的。亲子在博物馆观众中也是非常重要的一个群体。他们在参观时，父母或者祖辈会感同身受，亲口向儿孙辈讲述自己的经历。比如在棉纺织内容展示区，奶奶们或许会谈起自己曾经是如何纺线的，并将展示工具的用途告知自己的子孙（图3-19）；当看到江南服饰时，服饰上不同花布的拼接可以引起孩子的好奇，询问家长为什么会有类似补丁的布块拼接。了解的观众会告诉孩子这种拼接最初的目的是劳作时耐磨，后来逐渐演变为装饰作用。不了解的观众也可以通过查阅知晓其缘由。比较容易引起老年观众共鸣的是江南美食，如粢毛肉圆、塘栖板鸭等一道道地方菜肴和清明圆子、米糕等江南点心。很多老年观众会向孩子说自己会做什么，这些点心什么时候才可以吃。这种留白引导式的"无尽"内容设计，既可以通过他们的讲述引起青少年观众的兴趣和他们自己情感的表达，也加深了他们彼此之间的亲情。这也是我们内容设计的温情所在。

由副线构建的不断更迭的知识体系，与叙事主线一起，呈现江南水乡文化信息系统的集成效用。同时，展览文本中绝大多数的图表、数据或者文字资料皆注明出自何书，可以让感兴趣的观众进一步查找翻阅，进行更深层次的探究。如此内容设计，使得"无尽"的江南水乡文化在有限的空间中充分地传播。

三、小区域呈现大江南：展览形式

形式设计是展陈内容信息的外在表达，是策展人向观众传递信息的重要途径。江南水乡文化是一个厚重的话题，内容非常丰富，信息量庞大。为了能够在 2000 余平方米的有限空间内较为完整、清晰地阐释其文化内涵和精神特质，让每一位走进展览的观众都可以在这里找到自己心目中的"江南"，我们根据策展标准，提炼江南水乡文化典型符号，结合江南水乡文化陈列的优点，在空间塑造、氛围基调、观展走线及信息传达等方面设计得恰到好处，一步一景，逐步将诗意温润的江南水韵景观呈现在观众面前，又"创出"了新展览的品牌。

（一）空间塑造

　　"江南水乡文化展"位于新建馆区的负一层，面积有限，基本呈正方形，建筑层高大约 5 米。在其中间位置有上下相通的消防疏散楼梯，将空间一分为二，另有一道隔开东西馆区的通道。空间上因为消防、建筑形态而形成了不少"废空间"，且因位于地下，建筑层高也不是非常理想。

　　对于展厅的空间问题，结合要展示和传达的江南水乡文化，我们并不是简单将展示空间按照展陈单元进行划分，而是因势利导，充分调度原建筑的大小空间进行巧妙地分割、重塑，科学规划，以期达到空间利用率的最大化。

　　大空间上，展示空间的拟古镇化。我们将从一层到负一层的环梯纳入展示空间。这样不仅增加了展示面积，也有着曲径通幽的空间感。从这里到展厅，我们将这样的空间想象成一座"江南古镇"。扶梯而下，以青石板路穿河而过，过桥进入古镇（展厅）（图 3-20）。展厅内部以江南市镇布局进行规划，一条"市河"穿"镇"而过，船行市河中，沿河两岸分布江南水乡的各个文化元素，有老街、社戏、戏台、茶馆、书房、园林、桥、雨巷等。可以说将整个江南市镇搬进了展区，让观众身在江南古镇中（图 3-21）。

　　在一些小空间或者"废空间"的利用上，我们结合整体空间布局及小空间特点，打造具有视觉冲击和体验的江南水乡意境。将展区外置序厅与楼层廊道连接一体形成江南曲径悠长的体验空间。观众步梯而下，迎面所见的是一大型的江南水乡古镇鸟瞰铜雕，拾阶前行，缓步踏着青石板路走进江南水乡市镇。这个序厅和楼梯空间通过铜雕、乌篷船、石板路、桥栏石等元素，营造了小桥流水的烟雨江南的意境，让观众对江南水乡有了初步印象。位于展厅一侧的储藏空间比较狭长，我们扬长避

图3-20　环梯纳入展示空间（上）

图3-21　展厅空间规划（下）

图3-22　江南古镇老街

短，将其改造成江南古镇老街，一侧为糕点、绸缎、梳篦等各类写实型店铺，另一侧采用油画的形式将空间延伸，同时在岸边放置浣洗的妇女、卖花的小姑娘以及卖馄饨的挑担郎等雕像，形成了"店铺—廊街—河流—住宅"繁荣的水乡生活场景，使观众有着宛若处于江南市镇中的身临其境感（图3-22）。这个空间也是整个展厅中唯一的写实性展示区，更是对原江南水乡文化陈列展陈方式的延续和致敬。

　　消防疏散楼梯位于展厅正中间，我们结合展陈内容，沿消防楼梯外围分别设计成戏台、水乡社戏、茶馆等场景（图3-23），在水乡社戏一侧以"市河"为界，在"河"的另一岸设置同样大小的空间，展示水乡风俗赛龙舟。如此，这一区域便成了江南水乡民俗的集中展示区，观众穿行其中，犹如身在锣鼓喧天、热闹非凡、紧张的龙舟竞技的现场。

　　更需要一提的是"雨巷"场景的打造。此"雨巷"已成为杭州市临平博物馆网

图3-23　消防楼梯设计处理

红打卡点。这个区域位于展厅外东西馆区的通道，非常细长，宽度仅1.5米左右。3D打印的青石板路面，结合荧光灯的雨点，通道尽头是撑着油纸伞的丁香姑娘的背景，一侧墙面通过不同形制的门板、窗花板点缀，中间穿插有关江南水乡的诗歌（图3-24）。如此意境的雨巷，当你身处其中时，戴望舒的《雨巷》便会出现在脑海中：

撑着油纸伞，独自
彷徨在悠长、悠长
又寂寥的雨巷，
我希望逢着

图3-24　"雨巷"设计

一个丁香一样的
结着愁怨的姑娘。

她是有
丁香一样的颜色，
丁香一样的芬芳，
丁香一样的忧愁，
在雨中哀怨，
哀怨又彷徨；

她彷徨在这寂寥的雨巷，

撑着油纸伞

像我一样，

像我一样地

默默彳亍着，

冷漠，凄清，又惆怅。

她静默地走近

走近，又投出

太息一般的眼光，

她飘过

像梦一般的，

像梦一般的凄婉迷茫。

…………

（二）诗意唯美：基调氛围

一个展览能否营造出文化感基调氛围，能否传达出需要传达的文化内涵，能否给观众带来具有文化特色的视觉盛宴，也是评价陈列展览设计好坏的标准之一。"江南水乡文化展"通过色调的恰当搭配、水乡元素的精选、节点的精致设计以及材料灯光的合理运用，将展厅营造出江南水乡"粉墙黛瓦""山色有无中"的美学气质。

整体色调的搭配。在"江南水乡文化展"的色调选择上，我们通过对江南水乡的认知，一改传统使用的黑灰等色调，起初选用了水蓝色，色调比较柔和、静谧。当整个展厅大面积使用水蓝色时，一种不舒适感慢慢产生，更主要的是水蓝色所能表达的江南水乡文化内涵，与我们当时举办江南水乡展的定位及中心思想有一定差距（图3-25）。为此，展览的色调从水蓝色逐步调整为水绿色，犹如江南水乡的春天生机勃勃，既表现江南水乡清新温婉的文化气质，又可寓意江南水乡地域再次焕发生机，即长三角区域一体化发展势头（图3-26）。这种绿色，我们更愿称之为"水乡绿"。除了主色调外，展厅内墙体大面积采用新型材料玉砂玻璃等多种玻璃材质，其他墙体使用乳白色，再通过中高照度的仿自然光源照明，体现宁静和纯净气质，营造诗意唯美且符合时代气息的水乡印象空间。

　　水乡元素的选取。展览氛围的营造当然离不开江南水乡元素的选取和运用。在人们心目中，小桥流水、杏花烟雨等就是江南水乡具体的物化代表。陈列展览便需要将这些人们所熟知的文化元素，根据展陈内容进行选取，并通过不同的展示手法转换为水乡视觉符号。经过筛选，"江南水乡文化展"大致选取了船、桥、戏台、店铺、茶馆、园林、弄堂、花窗等元素，在不同节点上以写意或写实的方式呈现，既是氛围的视觉符号，也是文化信息的传达载体。例如，船是江南水乡文化的重要部分。我国南北方的地理、气候等自然条件差异造成了南船北马的交通方式差异。在北方，马匹、驴子和骆驼是主要的运输工具。在江南地区，河道才是最主要的运输通道。尤其河网密布地区，交通几乎全赖船运。在展览中，从展品到互动设备均有对船这个元素的使用。在转船湾的展示区，造型各异、用途不同的古船模型在水流般的光影中，垂直地错落展示，营造出了船在空中的"悬浮感"（图3-27）。靠近展柜，江河湖海上的百舸争流、竞相迸发的江南印象，让观众身临其境地捕捉到江南的航运特征。同时通过知识岛介绍各类船的名称、功能。这样既解释了转船湾的内涵，也向观众传递了"船"的知识。而在第三单元"诗意栖居处——生活的江南"，从市镇布局到民俗风情过渡区，通过船型互动知识岛，拓展江南水乡文化；在水乡社戏与赛龙舟的中间更是放置船型休息椅，让观众在潜移默化中接受知识。江南园林花窗是一种独创的园林建筑特色小品，其图案、造型及制作工艺，都体现了江南水乡文化理念。因此，"江南水乡文化展"在老街、园林、雨巷等展示区使

图3-25　原水蓝色主色调

图3-26　后水乡绿主色调

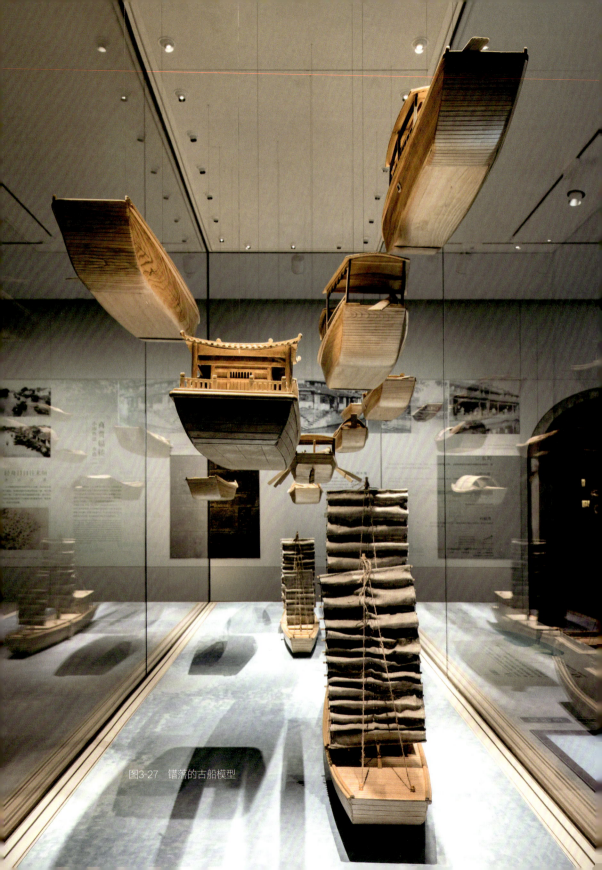

图3-27　错落的古船模型

用了花窗元素，使得展示更具层次感。

节点设计的控制。在确定了展览的整体色调和设计元素后，展览的节点设计便特别重要。"江南水乡文化展"根据展览文本，在序厅、转船湾、市镇布局、水乡风俗、江南园林、结尾等节点上，恰到好处地使用水乡元素，运用多维展陈手段，形成了"移步易景"的展示效果。沿展厅中的"市河"，我们以桥、船为符号，形成了"河—桥—船"的水乡情景，在尽头以临平的龙兴桥为原型进行复原展示，背景以三翻板的形式转换水乡的早、中、晚的景象。沿河行走至桥右转，尽头为圆形拱门，旁边为小型园林造景。这里又恰巧为第四单元"文采尽风流——文化的江南"的过渡区。此处节点设计得巧妙自然，浑然天成。透过进入第四单元的拱门向右望去，芭蕉叶影映在梅花形花窗后，令人仿佛处在精致的园林之中。特别值得一提的是江南园林与书房的融合设计（图3-28），利用园林的空间设计，将书画文物巧妙融入建筑格局中，创造出多层次的视觉效果。以门扉和月洞相隔，墙外有太湖石山、水池、芭蕉等，墙体上面以俞樾题写的"蛰庵"为楣，顶部采用仿自然光源照明，宛若身处园林之中。驻足门外，视界正中央聚焦展柜中书画，给观众以书香门第的直观印象，强化了诗礼传家的江南文雅氛围。这个节点通过叠山理水的写意方式，营造觞咏娱情的清雅之所，在方寸之间浓缩了中国传统哲学的自然观和人生观。

材料、灯光的运用。"江南水乡文化展"在制作材料的选用上剑走偏锋，针对不同内容使用非常规材料，起到意想不到的效果。一般情况下，展厅使用的最大量的图板材料多为木质材料或者三合板等，我们反其道而行之，图板材料采用铝板和仿玉石玻璃（图3-29）。特别是定制的铝制图板，喷绘说明内容，使得整体展墙非常精致和灵巧，为温润诗意的氛围营造助力不少。灯光的使用对于营造整个展厅的氛围也尤为重要。如何利用灯光也是展览陈列的核心，合理运用灯光的效果不仅提高了整个展览的价值水平，同时也给参观者呈现出一个完美的展示空间。"江南水乡文化展"整体采用的光源，基本与自然光源接近，较为柔和，给予观众参观时温和的视觉感官效果（图3-30）。

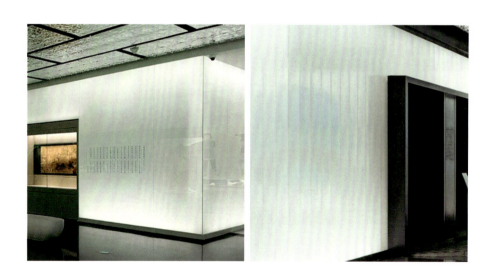

图3-28　江南园林与书房的融合设计（上）

图3-29　仿玉石玻璃材料（下）

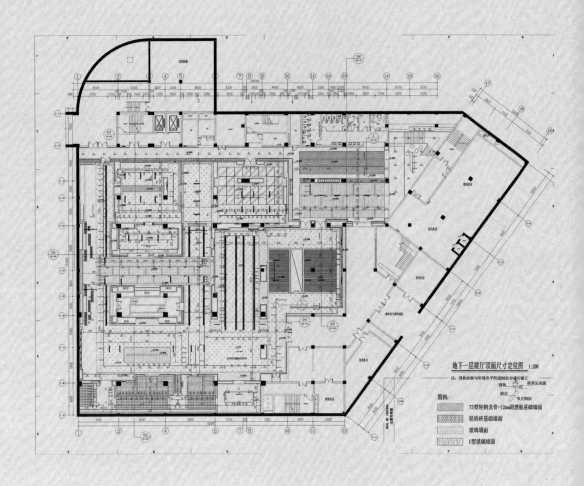

图3-30 展厅灯光设计方案

（三）引导与探索：观览走线

一个展览的参观路线对于观众来说极为重要，它可能影响到观众对展览内容的理解。在观展走线上，"江南水乡文化展"采用了复合型展线，让随心的观众可以感受无拘无束的"0 展线"（图3-31），有心的观众也可以在恰当的展览逻辑导引下循序行走观览。陈列文本内容设计上虽然采用专题式叙事结构，以地域、经济、生活、文化、转型五个维度进行策展，但是其暗线仍然以时间为脉络展开。我们根据这样的策展思路和展览内容的逻辑解析，结合对展厅已有空间特点的深入研判，根据观众的参观心理，将传统的"单一线性"结构规划为"多线并行"的空间布局。这种灵动的流线设计方式既模糊了空间的分割感，又通过开放的格局使观众在参观过程中从一种"被动"接受的状态转变为"主动"探索的姿态，激发观众持续地带着自主观览和主动发现的热情去参观展览，进而能够较深刻地理解展览的主题信息。这种"多线并行"的观展走线基本可分为一条主线、众多副线。

主线是设计团队主观引导观众行走的参观路线，是根据展览的主要内容设计的，让观众能从宏观视角了解江南水乡的文化内涵。从序厅进入展厅后，观众首先了解何为江南，即地域的江南，从中熟知江南的地域范围、自然环境和发展历史。然后从史前稻作农业开始，经从火耕水耨发展至精耕细作的农业、分类繁多的手工业，到商品集散市镇，以此了解江南经济发展。"何处是江南——地域的江南""富庶鱼米乡——经济的江南"这两单元以相对严谨的参观动线，呼应较强的叙事逻辑，展示了江南地域与人文的形成及其由一个蛮荒之区成长为财赋中心的漫漫历程。经济的发展促进了市镇的形成，也影响了人们的生活。由此便转入"诗意栖居处——生活的江南"。从图板先秦至明清时期江南市镇数量的增加，到知识岛江南市镇类型和形制的介绍，当观众走到市镇沙盘模型时即可了解市镇的街巷布局和建筑空间，并熟悉各种建筑构件名称和功能。沿

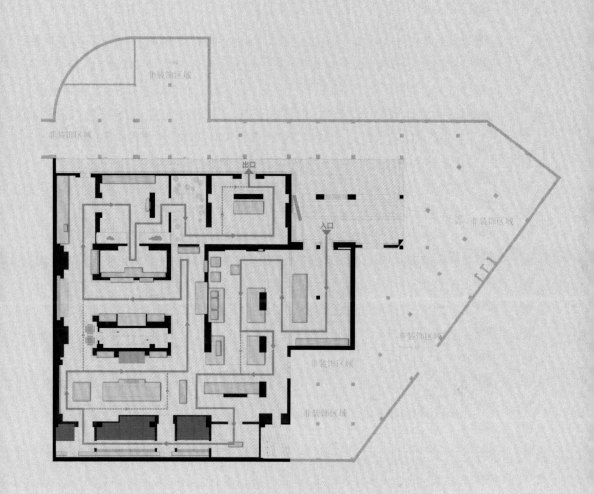

图3-31　参观动线设计

这条线往前左拐便是关于遍布江南水乡的桥梁知识点，这里有从临平区的古桥情况到江南各种形制的桥梁的知识，也是从江南市镇空间形制到江南水乡民俗的过渡。之后便是江南民俗，包含衣、食、娱乐、嫁娶等。从生活到精神追求，穿过拱门，使进入江南文人的精神世界，从江南雅集到书房再到江南园林。最后参观的是经过社会大变革后的江南和未来的江南。这条参观线路整体上为：江南的地域范围及环境—由蛮夷之地到经济重心的经济江南—宜居的生活江南—多元包容的文化江南—时代弄潮儿的转型江南。从过去到未来，观众可基本掌握江南的发展及其文化精神特质。

如果观众想要探究更多知识，就可以在沿主线参观时根据自己的兴趣进行探索，开发出不同的参观路径。观众自主探索路线在"诗意栖居处——生活的江南"单元中表现得尤为明显。在这一单元，我们大胆突破了传统的展线约束，让观众在通透的空间中自由行走，感受丰富多彩的江南市镇生活，舒缓了观众的情绪。

（四）无边界展览：科技赋能

一般情况下，展览在展示形式方面多采用"图板＋科技＋造景＋材料＋灯光"等手段。如果要做好，要有特色，那就需要在细节上下功夫。在信息化、图像化、互动化的网络时代，面对需要展示的江南文化无尽的内容，结合当下博物馆展览的新要求和观众的新需求，我们以信息传播为导向，以美学体验为载体，运用多学科融合互动的现代高科技手段，增强展览的可看性，大大激发观众的观展兴趣，多感官、多渠道地向观众传达信息，提升观众参与度，将展览从实物向体验重心转移。

　　展览运用装置艺术、塑形造景、沉浸影像等多维展陈手段，架构观众视觉、触觉、听觉带来的多维信息接受渠道，并形成互动与沉浸的观展体验，打造无边界展览。

　　一是组合运用二维码链接、知识岛等多媒体手段，扩容江南水乡文化知识。展览中共运用了 11 处二维码知识链接，内容主要是历史上江南地区还有哪些别称、江南水乡中与水相关的问题、手摇水车与脚踏水车、清代部分江南市镇工商业组织情况、明清时期部分江南名镇进士及举人数量、历代江南刊刻书籍等；知识岛共计22 台，延展的内容包括江南的地域变迁、圩田与水利系统、市街老行当、江南的船、江南茶文化、走进水乡民居、江南名点、江南雅集、江南名人、江南园林、世界水乡等内容。

　　二是运用新媒体手段，打造无边界展览。在第三单元"诗意栖居处——生活的江南"的江南市镇模型沙盘上方，以 5G 信息手段，实时直播临平塘栖古镇水北街景，将水乡古镇现场搬进展厅，实现展厅内外的联动。此外，多媒体与实时直播进行转换，以实景照片展示江南市镇中码头、戏台、广场等水乡建筑空间。在同一单元中的茶馆与"水乡味道"的展区中间，运用三翻板，随着"咯哒咯哒"之声，不断转换早、中、晚三个时段的江南水乡美景，结合两侧多媒体视频中正在冒着热气的绿茶和糕点，以及正在抽烟喝茶、谈笑风生的老人们，形成一幅烟火气十足的江南市镇盛景。在第四单元"文采尽风流——文化的江南"中，为了更好地呈现江南古典园林的造园理念和手法，我们使用沉浸影像，辅以艺术造景，让观众身临其境，感知江南文人在古典园林中的人生态度和精神寄托。多媒体交替变幻四季的园林风景，观众走入其中，即被 360 度的园林影像环绕，沉浸感十足。通过春花秋叶、夏荷冬雪的精细画面，观众在沉浸中体验亦真亦幻的园林之美。而在第五单元"春风无尽绿——转型的江南"的最后，巨幅多媒体屏将观众整个视野占据，借由顶部镜面材质的反射和地砖的反射，将单层的空间结构化为多层，打造出广袤深邃的效果，凸显了现代蓬勃发展的震撼感和未来亟待探索的展望感。

　　三是标注资料出处，以示展览的专业性及严谨性。虽然常规展览中一般不注明

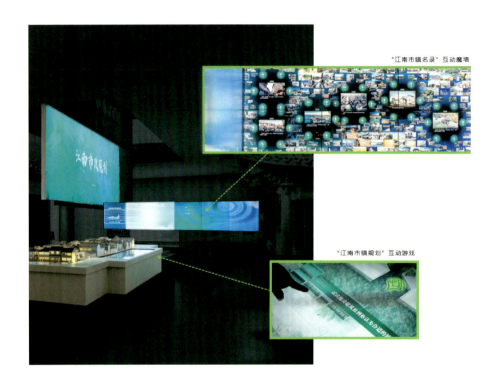

"江南市镇名录"互动魔墙

"江南市镇规划"互动游戏

图3-32   "江南市镇规划"互动游戏

图表等资料的来源，观众也很少会质疑博物馆展览引用的资料，但江南水乡文化是一个厚重且复杂的文化概念，古今中外众多学者经过不断研究，发表或者出版了丰富的学术成果，这些成果也是我们策展的学术基础。基于上述考虑，我们在设计时将展陈文本引用的绝大多数图表、数据或者文字等资料的来源在图板中清晰地标出。整个展览有 40 多处标注，如此做法，一方面缓解了不同层次观众的疑问，增强观众对博物馆的信任感，感受来自博物馆的小处见温情；另一方面也激发了观众主动探索，不断学习研究的兴趣。

除上述三个方面外，在大部分科技展示形式中，不是简单地传播知识，在不同的节点上，我们会穿插"知识问答""闯关""自行规划"等各种游戏模式，增强展览与观众的交互性。在江南市镇沙盘处设置"江南市镇规划"互动游戏（图 3-32），观众通过自己规划江南市镇，可以学习到江南市镇中"面河式""背河式"等的空间形制。

总之，"江南水乡文化展"在形式设计上的优势，正如一位文博网友评价的那样："似乎这个展谈不上在哪个地方有什么前所未有的突破……能把大家用过的招数修炼到炉火纯青，又能融会贯通地打出来，本来就是大招。"

（五）月落山水静：文物展示

1.精选与解读

选择展品对于一个博物馆展览来说非常重要，它直接影响着观众的体验和对展览的认知。在选择展品时，应该注意与展览主题或概念保持一致。相关性越强，观众越能够更好地理解和欣赏展览的内容。同时展品要考虑不同的时期、地域、文化和艺术风格，尽可能地展示多样性和代表性，增加展览内容的说服力。品质和真实性是展览的关键。选择具有高品质的展品，确保它们的保存状态良好，并且能够真实地反映历史文化内涵。展品应该能够讲述一个有趣的故事，并且能够与观众产生互动，通过展现其中的教育启发性，来吸引观众的注意力和参与度。

我们馆藏有3万余件藏品，涵盖石器、玉器、陶瓷器、漆木器、铜器、铁器、金银器、骨器、书画等，在数量和种类上已经算是比较丰富的了。然而，真正开始拣选展品时，我们仍然面临不少区县级博物馆同样的困境——种类与精品分布不均衡。大多数藏品是较为常见的民俗家具、民国及近现代生活用器，珍贵文物主要集中在良渚文化玉器，浙、海派书画等几个有限主题中，并不能做到展览的每一板块都有足够高等级、精美、完全符合展览需要的文物支撑。

展览大纲很美好，条条块块清晰有序，但没有文物落地怎么办？综合各类博物馆的优秀尝试，我们探索出符合自己展览与馆藏实际的几个方向。

挖掘。受限于人员经费不足，对馆藏藏品的价值挖掘长久以来有所欠缺，重新布展是一个不错的梳理藏品的机会。在讨论如何丰富看似普通的藏品信息量的过程中，我们也加深了对展览主题的解读。例如，馆藏有一批地方地契文献，经过整理解读，实为钱粮上下执照与漕米易知由单(图3-33)。漕米是指水运米粮。明清时期，一系列的运河治理工程措施以及漕运管理制度的实施促进了运河粮路的繁盛，带动了江南沿线城市的发展。票证见证历史，这些单据反映了当时水路贸易因"民船贾舶，多不可籍数"而受到官方机构管理，体现了南北货物往来与临水经济发展。

取舍。有些文物确实是所属时期的典型器物，制作精致，保存完好，应当仔细考虑展线逻辑，创造条件上展。例如，我们镇馆之宝之一新石器时代良渚文化神人兽面纹三叉形器，器表用浮雕细线刻画出神人兽面纹，整器光洁润泽。虽然器物本身不直接关联水乡，但作为临平当地史前文化中最灿烂的部分，在"古往今来"江南历史变迁中展出是应有之义。而有些文物本身品相一般，展示效果普通，也不必过度焦虑，可以将更全面的阐释内容交由展板来实现，展品能

图3-33 馆藏单据

配合说明问题即可。例如，"春风无尽绿——转型的江南"单元主要讲述随着近代工业的影响逐步深入，建立在传统农村经济基础之上的市镇社会生活也发生了天翻地覆的变化。但馆藏缺少近现代江南工业藏品，征集也可遇不可求，于是我们舍弃了这一区块的文物展示，配合LED大屏与动态黑白相片重制（图3-34），营造出电子科技之感，正好也体现了江南地区在近现代浪潮中敢于创新、勇于迈步的精神。

　　填充。我们向社会广发文物征集令，公开征集与江南水乡相关的传统手工艺品、民俗文化物品、文学作品，能够展示江南水乡的历史沿革和发展变迁的历史文献、古代器物、建筑遗迹，能够吸引观众兴趣和参与的传统故事、民间传说、游戏活动，

图3-34   近代工业黑白照片的重制展示

等等，收到不少热心市民的支持与响应。例如，在"水乡社戏"展区，我们一直为合适的戏曲展品发愁，还是临平当地曲艺大师孙国荣女士听闻我们江南水乡陈列将改陈推新后，特将师傅传予她的真丝手绣戏服捐赠给我们用于展览（图3-35）。她的支持不仅填补了此处的空白，也为展览永远留下一段感人的故事。我们也主动向拍卖市场、私人收藏筛选可征集品。例如，水乡劳动人民的民俗服饰就是向私人藏家征集购买的，朴素却不普通的成套服饰展示出江南水乡的文化特色。收藏者对于水乡服饰颇为爱好、了解，也为我们扩展科普信息提供了宝贵的建议。另曾想征集吴冠中的作品，他笔下的水乡简洁明晰，又有独特

图3-35　戏服展示

的韵律节奏，与我们展厅整体清新明快的风格契合，然而受限于经费与排期，最后未能实现征集。这样的遗憾存在于展览的大小角落，却也如尾厅的意犹未尽一样，为"无尽的江南"留下了延伸的方向。

　　只有观察、精选、丰富实物展品，情感才有物理的载体得以落地。我们正是坚持着这样的理念，以馆藏品为基础，最大限度地挖掘和解读江南水乡文化相关文物，根据展览主题、目标、观众需求，充分考虑展品的代表性、可看性，最后形成了一部由"文物、文献、历史遗迹"组合构建的江南水乡文化宝典。

2.保护与展示

文物保护和文物展示是文化遗产保护工作中的两个重要方面。文物保护旨在保护和保存文化遗产的原始状态和历史价值，而文物展示则是将文物展示给公众，让人们了解和欣赏文化遗产的过程。通过展示可以增加公众对文化遗产的认识和理解，提高公众对文化遗产的保护意识和参与度。

然而，保护和展示之间也存在一定的矛盾。过度的展示可能会对文物造成损害，光线、湿度、温度等环境因素可能会加速文物的变质损坏，如书画（纸本、绢本等）、纺织类等光敏文物要求照度小于50Lux，这就限制了展览的整体性。因此，为了整合展览效果，避免这些损失，许多博物馆更愿意将文物封存在库房中，导致文物无法得到有效的展示和传播，使公众无法真正了解和欣赏文化遗产。

为了平衡文物保护和文物展示之间的关系，我们采取了一些措施。

第一，加强文物保护的技术手段。利用现代科技手段，对文物进行修复和加固，使它们能够以更稳定的状态展出。例如，陈列中茅山遗址出土的良渚文化独木舟，就先历经了整体打包吊运、底部加装支撑、脱水脱盐清洗、矫形黏结一系列近十年的特殊处理（图3-36），才能让原本较为脆弱、受温湿度环境影响大的有机质文物保持一定程度的干燥定型，最终能够在展厅里与观众见面。

第二，科学合理地设置展览环境。在文物展示的场所中，根据文物的特点和需求，合理设置展托展架，确保文物的安全。"春风又绿，一苇江南"，良渚文化独木舟作为最古老的船的形象，可以算是展厅的"镇厅之宝"，关于它的展示方案也是重中之重，几易其稿。最开始设计师提出整体装吊的方案，试图让独木舟以最完整的姿态亮相人前，通过光影烘托出轻盈地浮于水面的效果。效果图非常美好，但装吊实在是挑战文物专家的"大心脏"。此件良渚文化独木舟的特点就在于它的体量大且完整，为了使它能长久地展出，减少支架对它的压迫，保守建议平放在展台上。安全是安全了，但又不像艘"船"了。通过

图3-36　独木舟的矫形修复

不断地辩论"美"与"稳"，寻求两者之间微妙的平衡，最后我们特意找了专门的文物 3D 打印单位，针对独木舟的底部整体建模，采用环氧树脂打印展托，既模拟了半透明的水波纹质感，又保证了展托与文物的严丝合缝。再将整体展托用数十根透明支柱立在展台上，展台置于特别定制的超长尺寸低反射玻璃四面柜中，使得观众一入展厅就能观赏到长达 7 米多的独木舟在江河上浮动的场景，代入感极强（图 3-37）。

　　第三，减少对实物文物的频繁展示。通过数字化技术、模型重建、虚拟展览等方式将文物展示给公众。在"水乡的桥"展区，我们等比例缩小复原了大运河上仅

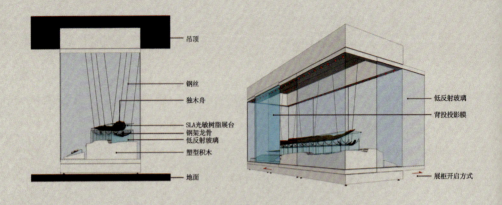

吊顶
钢丝
独木舟
SLA光敏树脂展台
钢架龙骨
低反射玻璃
塑型积木
地面

低反射玻璃
背投投影膜

展柜开启方式

图3-37 独木舟展柜设计

剩的一座七孔石桥——塘栖广济桥。它的右半边与真实的广济桥一样，而左半边则进行了透视拆解，清晰地展示出桥梁的搭建结构（图3-38），让观众对水乡的桥与其他内陆河湖桥的区别有直观的认识。这种模型拆解方式就非常适合用来展示复杂的实物文物，可以弥补单纯摆放实物可能错失文物信息的不足。

展览方式是指博物馆在展示文物、艺术品或主题展览时所采用的布展手法和展示手段。它不仅仅是展示文物的方式，更是一种传达信息、引导观众体验和创造艺术氛围的手段。选择合适的展览方式，可以更好地传达展览的主题和内容，引导观众对文物的理解和思考，提升观众的体验感和参与感，使博物馆的展览不仅仅局限于展示文物，更成为一种文化体验。运用空间布局、展品排列、展示手法等手段，博物馆营造出独特的文化氛围，让观众沉浸其中。通过独特的展览方式，塑造博物馆的品牌形象，也可以增强其在公众心目中的地位和影响力。

图3-38　广济桥模型的透视结构

　　因此，在博物馆策展中，展览方式的选择和运用至关重要。综合来看，我们主要采用密集型组团式文物展示、个体文物综合展示、场景式展示三种方式交叉配合来营造丰富多样的水乡氛围。

　　密集型组团式文物展示是通过将大量的文物集中展示在一个展览区域内，以展示特定主题或时期的文化遗产。这种方式通常将相关的文物按照一定的逻辑顺序或主题进行分类和组织，使观众能够一次性地接触到多个相关的文物，从而更全面地了解特定主题或时期的文化背景和发展。例如，我们根据历史时间轴，一次性挑选了近40组馆藏精品文物，集中展示在"古往今来"展柜中（图3-39）。这些文物可能不一定直接与"江南水乡"四个字相关，但都代表了不同时期当地最典型的文物类别，当每件都值得单列一个独立柜欣赏的文物组团式出现时，可以一下子为观众创造出更全面深入的文化氛围，直观地感受到当地历史变迁。相信江南地区其他文博人看到这些，也会感到些许亲切，相似的文物类型同样反映了"江南"这片大区域下相似的生产生活。

　　然而，密集型组团式文物展示也存在一些挑战和限制。由于展示的文物数量较多，观众可能需要花费更多的时间和精力来欣赏和理解每个文物的细节和背后的故事。因此，展示区域的设计和布局就需要考虑文物之间的关联性和观众的流动性，以确保观众能够有序地参观和理解展览内容。在上述展台背后，我们设计了简洁明确的时间轴，正好与左侧"地域的江南"知识内容相呼应，在时间轴下标明当前"江南"所在地是何种文化类型、哪一种文化政权。配合波浪形的展板装饰，顺着观众动线，自然而然地串联起文物，呈现一种历史长河悠然向前之感。

　　大量文物组团式展示，它们的完整性和安全性也是一个重要的考虑因素。在"百业昌盛济民生"展柜，我们采用了三级展台——最靠近观众、最低层级的展台放置一些较小件的文物展品，便于观众凑近仔细观察花纹；在中层放置较高的、素面的文物展品，可以中距离欣赏其形态之美；将最后层的展板切割

图3-39　"古往今来"展柜密集型展示方案

开来，间隙中用坚韧牢固的线悬挂各种款式的印糕模具，一方面增加长展柜的透气性，另一方面垂线如雨帘，透过它正好望向的是古镇老街模拟场景，而不同花纹的印糕板又是制作江南特色糕点小吃的手工用具，相互引申呼应。如此三层前后错落，展现出江南手工业的发达与繁盛（图3-40、图3-41）。

　　此外，这种展示方式也能够节约展览空间和资源，提高文物展示的效率和观众的参与度。如在"水乡味道"展区，此时展出的文物重点就不在于单件食器具做得如何精致艺术，而是通过密集排列各式各样的豆、盘、盏、杯、壶、碗、盅，尤其是拼合果盘、叠组套盒，组中有组，在一个展柜中就反映出丰富的物产促成多样化、

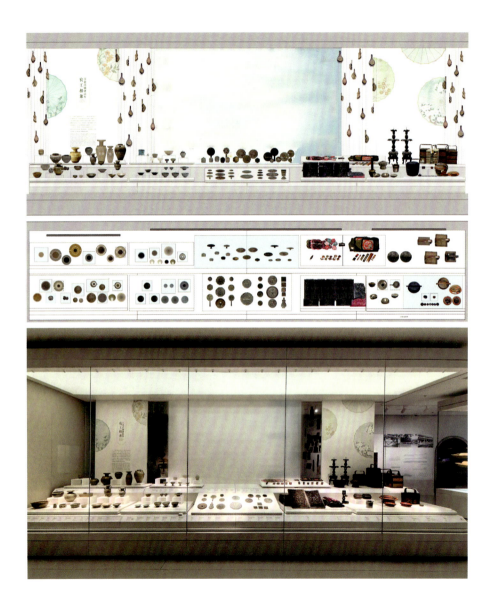

图3-40 "百业昌盛济民生"展品展示设计（上）
图3-41 "百业昌盛济民生"展品展示实景（下）

精细化的江南饮食特点。再到"人生礼仪"展区，如真要放置"十里红妆"，展厅条件也不允许，我们在此抬高展台，拣选常见的婚嫁家具款式，抬箱中有食篮，食篮中放喜碗，背景是大幅民俗壁画《雪霁红妆图》，在有限的展区内通过合理安排展品组团来还原复杂场景（图3-42、图3-43）。

总之，密集型组团式文物展示能够使观众更全面地了解和欣赏特定主题或时期的文化遗产，考虑观众的参与度、展示区域的设计和文物的保护等方面的问题，可以在展示文物的形式、材质、功能等方面进行变化，以制作工艺、艺术风格或历史演变为侧重，展示文物的多样性和丰富性。

个体文物综合展示即从类型、背景、用途等方面综合展示个别单独的文物遗迹，以丰富展品的完整性。例如，在独木舟的展示上，除了特制恒温恒湿展柜和3D打印大型展台展架外，在展柜上空播放独木舟的提取修复视频，来呈现江南人攻坚克难的精神品质（图3-44）。这种古今比对展示方式，生动展示了江南水乡人的精神传承。

在史前农业展区，我们选取了临平当地最具有水乡特色的茅山遗址作为主要展示对象，但仅仅将茅山遗址的俯瞰图贴在展墙上并不完全直观。于是我们又创造性地将5000年前的牛脚印、田埂搬入展厅。这两块遗迹就是从原址整体切割出来的，经过文物考古研究所的固化处理得以展示。其中牛脚印遗迹原有十几米长，受展厅限制无法全部展示，我们就在展厅地面加装底台，比照遗迹原样制作了复原脚印，上面加盖玻璃，一直延伸到牛脚印切块实物展品前。而田埂切块实物的背后绘制了整墙的农田全景画，在透视角度上正好与画中的田埂衔接。这样既在有限的范围内留出了观众参观通行的路线，又通过综合地下模型、地表实物、墙面图画的展示方式丰富了茅山遗址拥有道路系统、灌溉系统和完整的长条形田块结构的特点，体现出它作为国内目前发现的保存最好、结构最完整的新石器时代水稻田遗址的重要地位。

数字化也是综合展示的手段之一。将个体文物进行数字化处理，以虚拟的形式

图3-42   "十里红妆"组团展示设计（上）

图3-43   "十里红妆"部分展品组团展示实景（下）

表土清理

热浸渗透

该保护工程分为

提取搬运

冷冻脱水定型

图3-44　独木舟的展示

呈现在观众面前。《赛龙舟图卷》是一幅馆藏清代风俗画，描绘了端午时节江南民
间最重要的民俗活动之一 ——赛龙舟的场景。图卷描绘的人物众多，龙舟行于江上，
细节满满，隔着展柜玻璃观看不够清晰，却非常适合进行数字化展示。但如果按长
卷风俗画较为常见的、单使人物前后走动的方式来处理，即使花了较多的经费，也
只能让画面略微有动态的效果而已，并不能达到更特别的展示效果。通过反复沟通
动画脚本，我们最终决定以时间变化为主线，描绘赛龙舟这一活动预热、开赛、散
场的场景：起先仅有江水滔滔声，随着活动临近，人逐渐多了起来，小摊贩推着推
车抢占最有利的贩售点。人声渐沸，江边前排已经没了位置，父亲将孩子托坐在肩

膀上凑前。大户人家则早早定好了楼阁包间，此时也悠悠入座了。接着锣鼓响起，比赛开始，龙舟划手跟着鼓点有节奏地使桨，龙舟破开江水涌起白浪，更有技艺高超的水手荡着高空秋千或跳水，引起观赛人阵阵叫好。鼓声暂歇，已有前舟抵达终点，观众摇着蒲扇踱步离开，画面缓静，剩零星几人还对着江回味，直到下一场龙舟竞渡再度开始。这样的剧情设计有静有动，前后衔接自然，在实物展品旁用数字动画视频循环播放，更丰富地展现出赛龙舟活动的趣味与热闹，观众仿佛身临其境，也随着画中人一起体验了一场别开生面的江南节庆民俗。

　　场景式展示指利用布景、道具、灯光、音效等手段，将文物放置在与其相关的环境中，通过模拟再现当时的生活场景或历史事件，将文物与其所处的历史背景相结合，以更加生动、直观的方式展示给观众。场景式展示不仅可以增加观众的参与感和沉浸感，还能够提供更多的信息，进一步激发观众对文物展品的兴趣和研究的欲望。

　　但同时，这也对策展人提出了更高的要求，需要对历史背景和文物本身有深入的研究和理解，以确保场景的准确性和真实性。而要搭建场景，势必与现代化的展厅有所不同，如何和谐地融入也是需要考虑的问题。要使观众沉浸式感受江南水乡，还原一条古镇老街让参观者可以行走逛坐是不二选择。但古镇的整体色调以青石地砖的深灰色、连廊木架的深棕色为主，与我们展厅主打的白色、水乡绿的清新风格不符，贸然添入显得突兀。此外，要使这一场景达到"街"的效果，也必须保持它的长度，不可随意切割缩减。通过不断调整参观动线，我们尝试征用一整面展厅边墙，原边墙外移一部分，里侧作为老街墙，外侧则依旧刷成白色作为外部展区的展板使用，在老街首尾两端开启门洞出入（图3-45、图3-46）。如此一来，老街展区呈现长条半封闭的状态，搭配一间间售卖丝绸、糕饼、南北货的店铺，狭长的石板走道，临河的美人靠，落着雨丝的河道，以及雨幕中朦胧的水乡灯火全景画，游客在此"逛街"显得更有代入感，

图3-45　进入老街的门洞设计效果（上）
图3-46　进入老街的门洞实景（下）

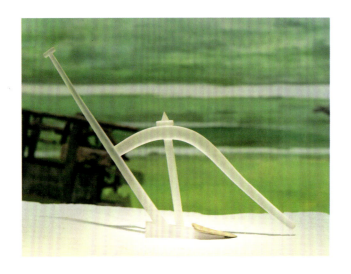

图3-47　石犁的展示方式

参观疲累了坐在美人靠上，也能因物理墙面阻隔感受到水乡细雨中的一丝悠然静谧。而从外部看来，老街只在两个门洞露出一角，也与江南藏街弄巷的事实相符。另外，我们将老街入口处的展区安排为"商贾辐辏"，出口附近安排为"江南市镇"，这两个展区主要体现的"轻舟日日往来频，比屋傍河开市肆""小市千家聚水滨，夹岸人家尽杭河"无一不是在描述老街，从内容上这处场景式展示也浑然融入整个展厅了。

在"江南耕地技术发展"展区，我们展示了史前时期的农耕用具，包括犁、镰、刀、锛等，但由于有机质腐坏，这些文物出土时就仅剩了农具最后的石质部分，缺少配套木柄，单独展示会让观众产生误解，不明白这些农具是如何使用的。因此我们在展柜后方又增加了微缩劳作模型与农具模型，将制作的石犁示意展品与透明犁构件模型组装（图3-47），再交由劳作人使用。模型采用一贯的白色调，略高于白色文物展台，既凸显了深色的实物文物，不喧宾夺主，又在无形中展示了农具的使用场景。

又如在"江南雅集"展区，为了展现士人学子寄情山水、诗酬唱怀，我们拣选了一系列的壶、盏、小盂，摆放于半透明水涡纹的展台支架上。一圆圆水涡承托小杯，不规则地立于长条形的展柜中，配合后景支立的同色竹竿，正如背景《曲水流觞图》一般，文物好像就顺着溪流而下，观众也如参加雅集的文人墨客，可以随处撷取欣赏（图3-48、图3-49）。这样的场景式展示，可以把本来静态的展品代入动态的活动中，丰富展览的生动性。

3.保护与协作

展览通常要将文物从收藏地点转移到场馆展厅，这一过程可能会面临交通运输、安全防护等方面的问题。而一旦文物入柜展览开放，可能就有大量的观众入场参观，也需要采取措施在确保观众安全且无障碍参观的情况下，避免由观众撞击或磕碰展柜引发的文物安全事故。

因此，在展览前期规划和策划阶段，我们多次邀请了各大博物馆策展人、文物保护专家参与项目评审。他们从专业角度、实践经验、风险评估等方面为我们提供了宝贵的意见和建议，确保展览的策划和设计符合文物保护的原则和标准。

展览场馆应提供适宜的环境条件，包括温度、湿度、光照和空气质量等。这些条件应符合文物保护的要求，以确保展品的稳定性和安全性。我们根据需要使用了环境控制设备，如独木舟展柜特配了五套系统联动恒温恒湿机组，展陈部工作人员每日检查独木舟温湿度数据，每月对机组运行状况进行检查，给恒湿机补水，定期邀请专业文物摄制团队对独木舟表面形貌、底部纤维状况进行拍摄，持续观察、记录，并进行评估。我们还特别委托上海声学学会对展厅建设日常巡检中发现的声学专项问题进行评估，并将意见反馈给布展单位，要求其按意见整改。

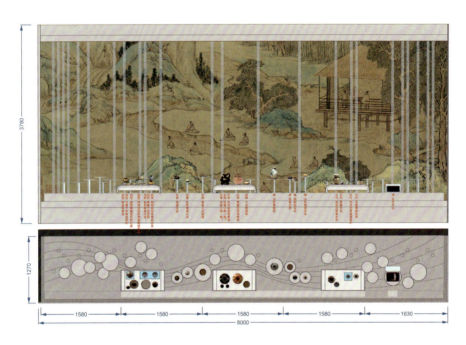

图3-48   "江南雅集·曲水流觞"展品展示设计（上）

图3-49   "江南雅集·曲水流觞"展品展示实景（局部）（下）

考虑到展品的保护措施，包括使用展柜、展示架、防护罩等，以保护展品免受触摸、光照、尘埃和其他潜在的损害，我们专门制定了展品的安装和拆卸方案，确保展品在展览期间的安全和稳定。即使造价昂贵，我们也坚持全部采用高品质低反射玻璃展柜。低反射玻璃可以降低环境光的干扰，提高画面的清晰度和能度，减少屏幕反光，使图像更清晰、逼真，让观赏者享受到更佳的视觉效果。而夹胶玻璃增加了强度，可以降低意外撞击可能带来的危害。我们组织了专业的文物运输布展公司，负责展品的运输与上展，每一件展品在固定时都采用对其损伤最小的软管垫护，只有确认一件展品已经完整、平稳地摆放在展台上了，才会接着进行下一步。

在布展期间，现场混乱，涉及设计师、展架供应商、公共区域装修建设单位等多方人员在场，人员复杂，为防止文物被盗、损坏或其他意外事件，人防安全成了重中之重。所有关于文物的运输与布展，都需要策展人、库管员、布展人员、安保人员四方确认在场才可以开展，并相互核对清单实物。一旦有人员另有需要暂停当前展柜布展的，则必须将文物平稳归位后关闭并上锁展柜，方可离开。由于上展文物较多，布展时间较长，每日布展工作结束后，由陈列负责人与保管负责人检查展柜，确保文物到位、展柜已锁，后由安保人员进行清场巡检与展厅上锁。

值得一提的是，除了馆内自有的安保人员以外，我们还寻求了地方公安和武警的帮助。在布展前，部分大型文物另择仓库存放，布展开始搬迁时，由警车开道押运，运输车辆得以平稳地抵达博物馆装卸，最大限度上保障了文物运输的安全。

除缜密的人防以外，物理防控是展览安全的后盾屏障。场馆以追求无死角的态度配置视频监控摄像头，采用红外探测技术开启入侵警报系统防护。消防系统设有高压细水雾喷水灭火系统、气体灭火系统、消防与应急疏散相关设施设备。烟感及温感报警器联动消控室主机与区域控制阀，自动高压喷淋细水雾实施灭火。馆内应急照明、消防栓、灭火器配备合理，定期检查记录。

作为展览最主要的面向对象，我们希望观众也能参与到博物馆的文物保护中来。通过展览解说、展品标签、宣传册等方式，向观众传达文物保护的重要性和方法，在宣传展览的同时也潜在地提高观众的文物保护意识。

通过专家参与、评估、环境控制、展品保护、安全措施、教育宣传等措施，我们寻求最大限度地保护文物完整性和价值的可能。

春風又綠

Again,
the Vernal Breeze Greens

観 展

別出心裁续江南

好的展览往往基于深厚严谨的学术研究，经历梳理与打磨，最终以精练的、通俗的、文学的姿态向观众呈现。观看，是展览与观众最为传统和主流的沟通形式。不同层次的观众所"看"之后必有所"感"。当代观众良好观展体验的缘由是复杂的，除了展览叙事和展品本身的精彩外，一切与展览相关的因素都是重要考量。我们在完成了"江南水乡文化展"之后，结合实际，紧紧围绕该展览，从宣传研究、延伸体验、文创研发等方面下足功夫，给观众打造不一样的观展体验，让他们感受到小馆亦有温度。

一、行业内外创意宣传

2003 年，江南水乡文化陈列正式推出后，受到了行业内外的一致好评，2022 年全面提升改造的"江南水乡文化展"，如何让行业内外再度迅速而知？另因博物馆改扩建已闭馆多年，其间又因区划调整变更馆名，"江南水乡文化展"以及杭州市临平博物馆这个新馆名，对大多数观众来说都是陌生的。为达到有效宣传，我们与各类媒体展开广泛合作，实现行业内外全覆盖式宣传。

（一）媒体宣传

2022年5月15日，博物馆重新开放之际，我们结合承办国际博物馆日浙江省主会场活动，通过网络、新闻媒体等多种途径，充分运用国家文物局、新华社、《人民日报》、中国新闻网、《光明日报》、浙江电视台、《浙江日报》、浙江新闻、天目新闻、《杭州日报》、杭州网、临平发布等50余家媒体对"江南水乡文化展"进行全面宣传，浏览量逾800万人次。当天直播受到多方关注，杭州网在线观看量达121万人次。

之后，我们分别与文博行业的自媒体及地方媒体进行深入合作，对展览进行不同层次的宣传。比如，与"文博圈"等合作，对"江南水乡文化展"进行了425篇次的宣传，全网曝光量（阅读量、观看量、话题讨论等）超过500万人次。宣传内容从展览的总体介绍、内容设计到形式设计，全面而深入（图4-1）。与地方媒体杭州网合作，对"江南水乡文化展"延续的社教活动等内容进行宣传，以期展览及配套活动能走近地方百姓。

除此之外，我们通过杭州市临平博物馆微信公众号（视频号）、网站等进行宣传，同时开通微博账号，及时更新信息。微博账号分别进行了展览展出的文物天天见系列。微信公众号（视频号）推出了"文博星推官"及"小嘴儿说家乡"等系列（图4-2），通过文博专家及小朋友的视角创意宣传展览。

通过"博物馆平台+行业媒体+地方媒体"的全方位宣传，让公众更好地了解"江南水乡文化展"，提高其在社会大众中的曝光度和知名度。

一座小博物馆，如何打造一个惊艳的江南大展？

圈v6 文博圈   2023-05-15 07:31 北京

"春风又绿江南岸，明月何时照我还"，这句家喻户晓的诗句，彰显了江南水乡的春意盎然与勃勃生机，又饱含着对这方土地深深的乡愁与眷恋。

在杭州，有一个取义于此诗的"春风又绿——江南水乡文化展"，道尽了江南之美。

这个江南文化大展，是杭州市临平博物馆打造，一座江南一隅的区县级小博物馆，如何打造一个江南文化大展？

江南历史文化陈列方面

文博星推官来啦！本期由董建淙老师推荐博物馆一个特别的机构--#博物馆开馆#

#小嘴说家乡#之"馆藏宋代'有之'钪文铜镜，大家觉得"有之"是什么意思？

图4-1   "文博圈"的部分宣传（左）
图4-2   "文博星推官""小嘴儿说家乡系列"（右）

（二）展评

诗意江南　印象水乡
——记杭州市临平博物馆的感性设计

　　杭州市临平博物馆在江南特有的黄梅雨季时节如期开放，或许是因为近年气候的异常，让人逐渐淡忘了曾经飘满丁香花的雨巷。可是，当你迈入这座外观以江南民居元素为主的博物馆时，还是能够感受到"一桥春色在江南，杨柳初展意犹寒"那种湿润而朦胧的熟悉意境。

　　何谓江南？"每个人的心中都有一个自己的江南！"无论是小桥、流水、青砖黛瓦、烟雨楼台，还是草长莺飞或美人顾盼，江南早不是一个单纯的地域概念，已经演化成一种文化符号。如何提炼具有情感共识的江南元素符号，精确表达每个人心目中都认同的江南？杭州市临平博物馆的"江南水乡文化展"可以让观众揭晓久藏于心的谜底。

　　江南作为长江文明的重要发祥地之一，如何说明其从一个荒蛮落后的地区渐渐发展成为中国最具创造力、竞争力、影响力的区域是有难度的。策展团队需要运用多元的解读方式将不同的信息进行组合，以此来展现漫长的文明进化过程，从而凸显出展览的主题信息——江南水乡在中国文明构成中的地位。众所周知，博物馆展示空间中的"物"，由于语境的转换，已经脱离了其本质的意义，因为与展览主题融合于相同叙事语境之中，形成一种崭新的展览语言。由于主题信息表述的需要，在展示空间中，任何的"物"都不是孤立的，它们之间有缜密的逻辑关系，以"物"叙事的物不仅仅局限于展品，而是包含展品在内的各种可以与主题信息密切关联的媒介。这种形成的新媒介通过信息组团的方式，可以最大化地诠释"物"所蕴含的历史价值、文化价值和美学价值。

　　文物集信息源和信息载体于一身，是历史发展过程中重要的见证物。博物馆展览的根本就是以"物"说话。杭州市临平博物馆通过"何处是江南——地域的江南""富庶鱼米乡——经济的江南""诗意栖居处——生活的江南""文采尽风流——文化的江南""春风无尽绿——转型的江南"五个单元，从各个角度分别对江南文化做了全面的展示。例如第一部分，距今5000多年的良渚文化茅山遗址出土的"独木舟"，对表述江南地区史前文明具有不可替代的作用，为了彰显展品的重要性，选择这艘体形狭长的独木舟悬浮于空间最注目的区域，对观众形成了强烈的视觉冲击。而良渚中晚期"水稻田"和广富林文化"牛脚印"展品标本的和谐组合，是一处独具精巧匠心的构思设计，可以真实形象地揭示早期江南地区水网密布的地貌以及饭稻羹鱼的风俗场景。整个展览空间遍布了江南地区各时期的典型器物，它们恰当而密集地分布于博物馆的各展示区域。如汉唐时期的铜镜、宋元的青瓷，明清的书画和建筑构件等各类展品，通过重组、梳理、整合的方式，转化为和谐一致、相互衬托的多元新传播媒介，共同构成了信息量极其丰富的场域，重现江南"百业昌盛济民生"的盛景。通过深入挖掘每一件展品所蕴含的精神气息，并配合有效的展现手段，"江南水乡文化展"完美地勾勒出江南灿烂的历史轮廓，进一步地弘扬江南文化那种不断创新、勇于拼搏的时代精神。

　　基于"江南"这个展览主题，传统线性叙事结构的传播方式显然已经不适应当下博物馆的发展趋势，而固化的空间形式表达也无法满足当今观众的审美需求。国画中有一种不求工细形似，只求以精练之笔勾勒景物的神态画法，这种意象的写意表达方式，非常适于呈现烟雨朦胧的江南之美。杭州市临平博物馆的展陈设计探寻着这种独特的诗意美学，并将之转化为意象的设计语言，让展览在抒情而内敛的气氛中增加观众的情感维度，形成一种深刻的认知体验。江南文化的精髓涵盖着"诗性审美"的婉约气质，展览一直秉承着这种含蓄委婉的设计理念，以意象与具象相兼的手法进行空间的二次创作。把江南独特的"粉墙黛瓦"的建筑韵味和"江流天地外，山色有无中"的美学气质融合为宁静淡雅的主色调，弥漫在整个展示空间中。选用石拱桥、古戏台与小木舟等典型的水乡符号，以诗性化的方式与整体空间色调融于一体，渲染出一种简洁而明快的气韵，再结合略带一丝蓝绿色的图文版面，大面积营造出的空灵效果，恰如浓烈水墨画中那醒目的留白之处，构成了"水光月色两相兼"的诗意空间。

展厅设计根据建筑空间的特点，并结合观众的参观心理，将传统的"单一线性"结构重新规划为"多线并行"的空间布局，这种灵动的流线设计方式既模糊了空间的分割感，又通过开放的格局使观众在参观过程中从一种"被动"的状态转变为"主动"的姿态，极大地激发了观众的探知欲，并且促使观众始终带着自主观览和主动发现的热情参观展览，进而能够较深刻地理解展览的主题信息。源于空间合理布局与应用的极致融合，"江南水乡文化展"对空间材料娴熟的运用加深了观众对展览的视觉记忆，无论是立面肌理层次的变化，还是环境色与展品色的对比控制，这些技术措施对内容传播有非常明显的倍增效果。当然，在黑匣子式的空间内，文物对光的要求以及观众参观体验的需求，对于照明设计和投射方式都是一种考验。适宜的光斑虚实转换以及照度把控、眩光处理经过严谨的探究实验，在展示空间中都有较好的显现。

在信息密集的智能化、图像化的数字时代，博物馆需要构建一种多感官体验氛围。能够与时俱进地把当今前沿的科技和艺术手段运用到展陈空间中，也是提高观众认知效果的有效途径之一。为了增强观众对展览的接受度、激发观众的观展兴趣，杭州市临平博物馆的展陈设计努力践行着以观众为中心的设计概念，在强调与观众的互动性和连接性的同时，展览大量运用了装置艺术、塑形造景、"魔镜"视窗、沉浸影像等多维的展陈手段，使观众在参观展品时从传统的单一感官体验向多感官体验转化，而视觉、触觉、听觉带来的多维信息接收渠道，会给观众形成互动与沉浸的体验，这种极具亲和力的黏度，更能够潜移默化地助推观众理解展览信息的深度和意义。新媒体的组合运用、多感官的体验感知方法，可以有效吸引观众在互动体验中感受展览传递的信息，同时以愉悦轻松的心态接受知识，从而达到博物馆传承文明、启迪智慧、激发想象的功能，实现新时代博物馆坚定文化自信传承，弘扬优秀传统文化的意义和价值。杭州市临平博物馆的陈列设计由始及终都在寻求"一生花里醉春风"的意境，这种诗意的空间创作或许也是区域文化主题性博物馆追求的设计圭臬。

李卫平

诗意的展　适意地观

江南三月，春风又绿，最是人间可人天。于"她"，江南本地人的状态是不紧不慢，游人则是向往中有丝羡慕。可以说每个人的心中，都有一个江南。

如此令人熟悉的江南，一旦进入博物馆这样的文化空间，它的真实与梦幻、历史与碎片，多少会让人产生奇怪的体验。传统意义上的"江南八府"所在的各大城市的博物馆，总会时不时地以江南文化为主题策划各种类型的展览活动，以宣示自身的文化归属。

2003年"江南水乡文化陈列"走进人们视野，引起了业界的轰动，曾为博物馆展陈的样板。历经20年的淬炼、5年的扩建改陈，全新的"江南水乡文化展"，自然引来我们同行和江南"游人"的特别关注。

现场——漫步在理性而又诗意的空间

因为说不清的缘由，我与杭州市临平博物馆多有牵绊，时断时续十多年。

正因为如此，当我穿过三月的春光走进"江南水乡文化展"，我时时提醒自己，这回要以一个观众的身份去观展、去体味。

走进博物馆东馆区，沿右侧扶梯缓缓而下，屋外的繁华喧嚣慢慢远去，由"潮湿"的石板路引导进入展厅，整个人似乎被眼前清新雅致的浅蓝绿色系空间沉淀。

心静了下来、步子舒缓下来，所有的展墙图板文字、展项都很内敛，目光所及最亮丽的尽是江南的"物"：5000 年前的独木舟横空出现在眼前，原始的稻田与牛脚印将我们的目光引向广阔的"乡村"，历代的百工绝艺、人文雅玩，水镇的美食糕点、婚娶民俗物品——呈现，博物馆里通常有的"目不暇给"的窘迫感在这里慢慢消退。我，恍惚间仿佛行走在江南的春风里。

而走近展墙细细浏览，一行行清丽舒朗的文字、简洁明快的图板又给观者以丰满的江南文化信息。通透的展域空间、似分又合的内容板块，让随心的观众可以感受无拘无束的"0 展线"，而有心的观者又在恰当的展览逻辑导引下循序行走观览，主题叙事类展览最难于调和的专业与闲适在这里出现了些许平衡。

展厅内差不多每一个视角都让人观感舒心，多样式的展项恰如其分地呈现，既满足了江南文化主题信息的输出，也适合观众随心拍照打卡，实现了多元化的观众体验。

在我这个"老"观众眼里，这次的改陈大大突破了原初那个展览侧重江南"水乡生活""水乡民俗"等表象化场景的展示，将观众目光带向江南水乡背后的人与自然、人文世像以及它的转型与未来，"何处是江南""富庶鱼米乡""诗意栖居处""文采尽风流""春风无尽绿"，江南水乡的四季以五个维度徐徐展开。

拱桥、戏台、水街、舟楫等江南水乡符号以写意化的现代风格再现，与整体通透的明亮空间、淡淡的绿蓝色展墙融为一体，在这"水光月色两相兼"的诗意空间，主题类展览叙事常有的固化生硬被悄然软化、润化。

观后——典与释、境与情、物与非物

杭州市临平博物馆是我国首个以文化地理单元设馆布展的地方博物馆。20多年过去了，在这个继续引领中国经济社会前进的地区，对江南文化主题的历史呈现、当代表达，在长三角区域一体化国家战略框架下，尤其需要展示出区域博物馆的文化力量。

典藏与诠释的积淀

2003年，在临平树起"江南水乡文化陈列"的旗帜是一种远见，但确切地说，那时更多的是亮出了一个新概念、创出了一个新样式。这些年来，杭州市临平博物馆人用自己坚持不懈的工作积累，特别是在江南文化的特色典藏、研究阐释方面的实际成效，郑重地夯实了"江南水乡文化"这一品牌基础。

特色馆藏是一个区域博物馆的立身之本。如果说20多年来新增江南文化主题藏品1万余件还只是个数字的话，一系列重量级文物的保护与收藏堪称其中的经典：2010年茅山遗址考古发掘揭示出良渚文化至广富林文化时期的水稻田、牛脚印等遗迹，杭州市临平博物馆馆员在做好遗址保护的同时，果断决定请专业机构将这些考古遗迹进行了科学取样、正式入藏，使其成为早期江南农耕文明独一无二的实物展品；2021年，历时11年、花费近千万元的茅山遗址出土独木舟脱水保护成功，成为水乡文化展厅的一号展品。

注重江南文化的研究与资源整合，2007年以来他们与北京大学、华东师范大学等高校合作，开展江南文化主题研讨；采用大数据处理技术，建成了集资源收藏、信息服务、研究咨询中心于一体的"江南文献研究中心"学术平台，目前已录入收集到的各类古旧文献资料5万余张、文化景观素材数千份、口述史文字 35 万多字，这在江南各地的博物馆中具有开创性，也为新亮相的"江南水乡文化展"提供了坚实的支撑。

策展团队花费大量时间对典藏和学术资源进行梳理，通过主题提炼、文化诠释、框架重塑开展二度创作，最后以地域、经济、生活、文化和转型五个维度讲述江南的诗意唯美故事，清晰、简明又不失大气、厚重。

尤其令我印象深刻的是最后一个板块，在一个方正空间，近代江南变革的信息组团和江南都市现代化的沉浸式视频互为呼应，十几位来自江南各地的市民用乡音说出的"我打（从）江南来"，让观众收获了满满的文化认同，令人回味。

空间之"境"与观众之"情"的转换

展览空间规划与形式设计的要旨就是充分整合博物馆空间的功能性、精神性与景观性需求。

"江南水乡文化"是一个情感性很浓的主题，展览通过对江南独特的自然和人文景观元素的提炼，以符号化、写意化进行视觉再现，凸显诗意江南的美学气质，目的就是实现意境之营造与观众情感之体验之间的贯通。

该展策展团队把江南文化的精髓概括为"诗意—审美"，这一观点并不一定全面，但这种认知提炼很好地被策展团队转化为意象的设计语言，并贯穿于对整个展览空间氛围营造、色彩基调的把控之中，让展览在抒情而内敛的气氛中强化观众的情感维度，形成一种深刻的认知体验。

策展团队立足展览内容的逻辑解析、展厅已有空间特点的深入研判，根据观众的参观心理，用水乡古镇常见的"十字水街"意象切分空间，将传统的"单一线性"结构规划为"多线并行"的空间布局，这种灵动的流线设计方式既模糊了空间的分割感，又通过开放的格局使观众在参观过程中从一种"被动"接受的状态转变为"主动"探索的姿态，激发观众持续地带着自主观览和主动发现的热情去参观展览，进而能够较深刻地理解展览的主题信息。

"何处是江南——地域的江南""富庶鱼米乡——经济的江南"两单元以相对严谨的参观动线，呼应较强的叙事逻辑，展示了江南地域与人文的形成以及其由一个蛮荒之区成长为财赋中心的漫漫历程。而在"诗意栖居处——生活的江南"单元，策展团队大胆突破了传统的展线约束，让观众在很通透的空间中自由行走，感受丰富多彩的江南市镇生活，舒缓了参观者的情绪。

"文采尽风流——文化的江南"板块用两个虚实串联的盒式空间让观者宛如穿梭于园林和书房之间，透出优雅闲适的书卷气息。"春风无尽绿——转型的江南"则以开放性的设计语言，呈现出一个高亢而隽永的尾声。

物与"非物"的交融

在国人眼中，江南是一种生活、一种文化，更是一种意象。因此，江南水乡文化展览是一个情感性表达极强的主题叙事展览。

而文物典藏的非系统性、展品信息的碎片化，使得这类展陈设计的构架需要逻辑清晰的文化梳理、实物展品的信息化组团集成，更离不开辅助展品、数字化多介质展项来支撑。好在数字化多媒体技术的广泛应用为这种支撑提供了无限可能，也与当代人的文化休闲与观展模式的变革相适应。然而，这类"非博物馆物"性质的文字、展项又很容易给公众的休闲性体验平添"困扰"，如何处理这种物与"非物"之间的平衡？这恰恰是主题类展览必须破解的难题。

"江南水乡文化展"运用了塑形造景、"魔镜"视窗、沉浸影像、交互装置等多维展示手段，这些设置完全取决于与展览主题叙事的适配度，各类多介质的展项的信息采集、制作也都基于严谨的学术支撑和理性诠释，而且其设置的位置、体量和基调基本上都服从于整个空间意境的营造。

茅山遗址塑形地景、"水稻田""牛脚印"展品标本，与远处的农耕画面相呼应，精妙的构思设计与内容的展示完美和谐。

　　涵盖江南水乡几十个古镇的海量信息的互动"魔墙"、水镇老街的微缩模型、观众可操盘规划水乡小镇的大型数字交互装置等展项，有分有合，开馆以来广受青睐，开放团队据此已开展数十场研学活动。

　　展览中还有近20处知识岛互动屏，内容包含水乡味道、江南园林、江南名人、世界水乡等，使观众可以了解展览相关的延伸信息，而且知识岛可以进行数据的实时更新，新颖的互动界面有效调动了观众自主学习的积极性。

　　这些富有原创性的多介质展项，辅以梳理清晰、表达亲和的图文信息体系，与观众的视觉、听觉、触觉建立起多维度的信息接受渠道，并形成互动与沉浸的观展体验。观众在互动体验中以愉悦新奇的心态接受着展览传递的文化信息，去感悟江南的意象和精神。

　　特别值得一提的是，设计师以山水、涟漪等意象为展品量身定制的展台、展托，淡雅而诗意地烘托着江南文物之美，主光很精准、辅光显内敛，使得展厅里几乎每一件文物展品都能清晰地被观赏，充满了对古物的敬畏，对观者的尊重，背后体现的是博物馆的人文关怀。

潘林荣

二、全面升级交互体验

　　随着科技手段的更新发展，我们与时偕行，除将其用于"江南水乡文化展"中，还用更多元的服务手段，从线下、线上全方位提升公众服务水平。

图4-3　水乡工坊入口

线下以社会教育专区——水乡工坊为平台，围绕"智慧研学"主题的深层次含义，开发江南水乡文化系列、宋韵系列社会教育课程，实现教育活动的常态化、系列化、菜单化，形成"水乡工坊"社会教育品牌影响力。同时结合重要节日等开展童梦水乡杯——少儿沙画大赛、小伢儿嗨游博物馆、宋韵江南夜等社会教育活动。

水乡工坊是"江南水乡文化展"知识传播的延续，位于杭州市临平博物馆东馆区二层，面积约700平方米（图4-3）。场所内分为低幼活动区、手工体验区、多功能教室、考古教室、茶艺体验室等，另有用于展示青少年作品的专门区域（图4-4至图4-6）。水乡工坊运行至今，每周举办一场活动，我们每月提前发布当月活动公告，每周提前发布活动预约公告，观众可以通过微信公众号进行活动预约并报名参加。

图4-4　低幼活动区（上）

图4-5　手工体验区（中）

图4-6　青少年手工作品展示区（下）

江南水乡文化系列围绕基本陈列"江南水乡文化展"，从江南水乡人们的衣、食、住、行及非物质文化等方面开展"江南水乡人物课堂""江南水乡文化课堂""江南水乡历史课堂"三个系列课程，激发观众的研究兴趣，引导他们关注江南水乡文化的现实意义，如"智慧研学｜走进水乡民居""人间至味｜江一才的晚餐——苏轼美食诗文欣赏""指尖雅趣｜亲子油纸伞 DIY 活动""指尖雅趣｜制龙舟·过端午""清香四溢｜体验点茶乐趣""玩转工坊｜手作古方香囊"等。

宋韵系列响应了浙江省"宋韵传世文化工程"，也强化了"江南水乡文化"展览主题与该工程的联系和转化，主要围绕宋代江南水乡地区特别是临平的相关内容展开，形成"宋朝那些事"系列课程。开展的相关活动有"人间至味｜南宋糕点制作活动""智慧研学｜话剧表演""领略宋文化""百工百衣丨宋代发簪手工制作""百工百衣｜制作宋代官帽活动""百工百衣｜江一才的穿搭——宋代服饰赏析"等（图 4-7、图 4-8）。

线下除水乡工坊外，我们还将展览空间延伸，通过巡展进校园、进社区等活动，将展览进行简化，制作成图板或多媒体，提供"文化上门"服务。"文化上门"主要针对中小学生以及老年群体，是博物馆承担社会教育工作的责任体现，现已成为我们社会服务的特色工作之一。

线上，从展览到服务，我们适度使用科技手段，建设了集导览、预约、讲解、志愿者管理等于一体的一站式智慧化服务平台，延伸公共服务，更好地满足全流程、全方位、个性化的观展需求。

推出无界观赏。"博物馆热"的持续，推动着博物馆"解锁"更多创新的可能性。例如，借助前沿技术，云端"穿越"千年，数字化重生珍贵文物等，从这个角度看，博物馆与人民精神文化需求的良性互动，将为美好生活注入新的动能。我们通过科技手段将文物展品、江南水乡文化资料、展览等搬到线上，让观众实现无界赏析。首先，我们将 300 件（组）文物展品进行数字化采集，通过微信公众号等数字平台向观众进行开放展示；其次，我们积极搭建"文物大脑"触摸屏，

图4-7　宋代服饰特色
课程（上）

图4-8　宋朝那些事
儿——宋代消防（下）

让观众直观查阅和欣赏文物展品；最后，我们利用360度VR全景虚拟手段，让观众云享"江南水乡文化展"（图4-9）。

打造智慧导览。观众可以通过浙里办App—浙里文化圈，杭州市临平博物馆微信公众号、微信小程序等平台，进行观展预约、活动预约（图4-10）。观众

图4-9　360度VR全景虚拟展厅

还可以对馆区和展览进行精准导航，对基本陈列的中英文双语讲解进行选择收听。同时，我们推出"小嘴儿说家乡""探馆解密在江南"等系列视频，分年龄、分批次向观众解读江南水乡文化。

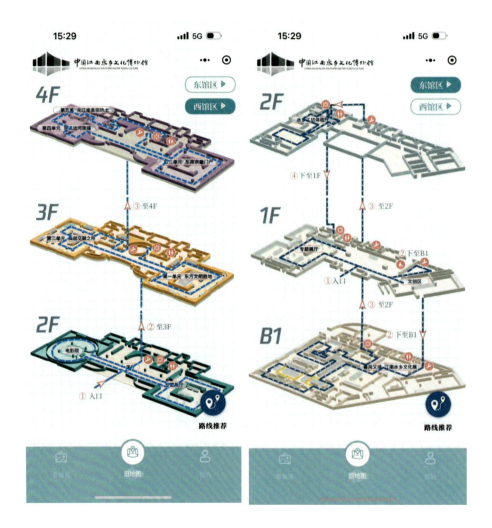

图4-10 微信公众号电子导览图

图4-11　"江南文化讲堂"

三、借智借力提升研究

　　持续对展览内容和展品进行研究也是一种展览的延伸。我们充分利用社会各界智力资源，积极与浙江大学、华东师范大学、天津大学等单位合作，充分发挥"外脑"力量，以江南文化研究为纽带，持续进行从江南水乡文化资料的搜集、整理、研究到文物展品的保护等工作。

　　我们继续开展了江南文献研究中心的二期研发，对文献数据库进行了迭代升级，并不断丰富文献资料，帮助研究者和学习者更好地获取知识和信息。同时以江南文献研究中心为平台，开展学术研究、学术讲座及研讨会等活动。开展"江南文化讲堂"，邀请知名专家进行江南水乡文化系列讲座，向公众讲述江南故事、江南内涵，并将"江南文化讲堂"品牌化、系列化（图4-11）。与高校继续合作开展相关课题，继续举办江南水乡文化学术研讨会。来自德国明斯特大学、浙江大学、华东师范大学、上海交通大学、上海外国语大学、上海师范大学、四川大学、上海博物馆、浙江省博物馆、南京图书馆等高校和机构的 40 余位专家学者参加了研讨会，并从博物馆学、历史学、文献学、社会学等多个维度，对有关江南社会的历史源流、地域文化、文物文献、现代变革等方面展开了深入探讨，实现了不同学科之间的交流与合作。会议致力于江南历史文化研究，凝聚了文化资源和学术力量，为建设长三角地区江南文化研究学术共同体贡献了力量。

四、突出特色规范研发

　　文创产品作为博物馆行业中备受关注的新领域，在满足受众审美需求、增加文化产品附加值等方面发挥着越来越重要的作用。

　　临平水网密布、商贾辐辏，孕育了厚重而灵秀的地域文化，是江南水乡文化的重要组成部分。临平的江南水乡魅力，来自山水相间的江南水乡地貌和风景韵味，来自域内的大运河、上塘河、运河二通道及湖塘水系，来自江南水乡的历史文化、物产饮食、人文风俗。我们在进行文化创意产品研发时，主要围绕江南水乡文化，通过"1 + N"的文创研发模式进行开发。

　　一是结合临平的江南文化元素，选用水乡古镇、小桥流水、烟雨楼台、闻香品茶等江南水乡的典型文化意象，展示江南水乡文化特色。以系统思维把"江南水乡文化"形象作为一个品牌加以建设，聚焦长江下游文明，深耕江南在地文化，赋能城市发展，助力打响文创品牌，通过品牌设计、品牌建设和品牌传播，在文创产品中重点运营设计标识系统，并推动场馆、展览、活动、出版物、文创产品等载体与平台全面规范使用，建立起统一的对外形象，传播博物馆的形象与品牌。二是结合 IP 形象"江一才与阿南"，不断推出经典、精致、亲民的文创产品，让艺术生活化、生活艺术化，传递东方美学的意蕴。

　　临平道中旅行茶叶罐的设计基于与临平相关的一首宋代道潜的诗作《临平道中》："风蒲猎猎弄轻柔，欲立蜻蜓不自由。五月临平山下路，藕花无数满汀洲。"茶叶罐又称"茶仓"，是茶叶的容身之所。50 克以下容量的小罐，也可以作为出门带茶的随身罐，旅行或与友人分享。这款茶叶罐与诗作意境相合，小巧雅致（图 4-12）。

　　江南水乡文化杯套组由茶叶罐、茶杯、杯垫组成，设计灵感来源于美丽的烟雨江南，用蒙蒙的烟雨勾勒出梦中的江南。茶叶罐罐身和茶杯杯身均采用了透明色到烟雾色的过渡，描绘出一片"蒙蒙润衣雨，漠漠冒帆云"的江南水乡美景（图 4-13）。

　　龙首形玉饰品设计灵感来源于横山遗址出土的新石器时代良渚文化玉龙首纹器、临平非物质文化遗产滚灯与超山六瓣梅花（图 4-14）。新石器时代良渚文化玉龙首纹器 2006 年 5 月出土于临平区星桥街道后头山，鸡骨白色，圆环形，以外侧面为正面，浮雕龙首，龙的眼、鼻、耳突出，形象生动，与圆环的造型构成龙的形态。滚灯以竹片编成的大型网球体为主要道具，在这竹编的球体的中心悬挂有一个门编小球，小球中安放有灯烛，舞动起来，滚滚向前，灯光闪烁，形成一只滚动的灯，故人称"滚灯"。超山以观赏"古、广、奇"三绝的梅花而著称。每当初春二月，梅花绽放，白花平铺散玉，十余里天映白，如飞雪漫空，天花乱出，故超山为江南三大探梅胜地之一，超山梅花有"十里香雪海"之美誉。

图4-12　临平道中旅行茶叶罐（上）
图4-13　江南水乡文化杯套组（下）

图4-14　龙首形玉饰品

春風又綠

Again,
the Vernal Breeze Greens

小馆舍大文化

　　"江南水乡文化展"历时 3 年筹备，从内容的更新、展品的充实到形式的创新，全新亮相，再度引来了众多"江南粉"殷切的目光。如何重塑曾为"先进案例"的江南水乡文化，对于我们来讲是一个充满挑战的过程。这个过程有遗憾，更有收获。

　　在申报参加第二十届全国博物馆十大陈列展览精品评选活动时，我们在申报材料中总结归纳"江南水乡文化展"亮点有三条：其一，展览从文化地理学的视野切入，通过江南的地域、经济、生活、人文、转型五个维度进行展示，全面解读江南水乡文化。其二，以区县级博物馆为依托，展览凭借馆藏文物特色，突破"编年体"叙事的传统策展模式，采用"纪事本末体"方式，以小切口诠释大文化，在小空间讲述大故事，从小馆舍走向大社会，拓宽地方博物馆的展示边界，探索出中小博物馆多元发展的新模式。其三，在长三角区域一体化的国家战略背景下，契合"诗画江南、活力浙江"的全省发展战略，展览立足临平，面向江南，已然成为区域文化金名片，并直接影响当地政府发展战略。临平区委、区政府提出以博物馆为原点，打造"全域江南水乡文化体验地"的目标，创造了博物馆文化引领区域社会经济发展的新风尚。

一、守正创新，追求卓越，高水平再创精品主题展览

（一）全面改建，紧跟文博发展潮流

杭州市临平博物馆自 2017 年启动，历时 5 年，于 2022 年完成改扩建工作。总面积达 2.1 万平方米，拥有馆藏文物 3 万余件，在展陈设计、智慧应用等各方面均走在全省区县级博物馆前列。致力打造的"江南水乡文化展"以诗意的博物馆陈列语言，温情的社会文化视角，清新淡雅的展览风格，为公众塑造出"江南印象"视觉盛宴。

（二）科技赋能，优化文物体验方式

展览以水乡绿为主色调，大量使用新材料工艺——仿玉石玻璃，通过仿自然光源照明，营造诗意唯美且符合时代气息的水乡印象空间。通过信息组团，运用山水、涟漪等意象场景进行文物展示，充分体现文物所蕴含的价值。尤其注重文物的保护性展示，对于耗时 11 年、花费近千万元保护的"明星展品"良渚文化独木舟，制定了专项的搬迁及展示方案，特制恒温恒湿展柜。

（三）数智引入，丰富观展时空维度

展览探索数字时代新型文物展出形式，采用视频、动屏、沉浸式交互等科技手段带领观众全面解读 1000 余件珍贵文物，使观众身临其境感受良渚玉架山和江南水乡的文化底蕴与历史积淀。建设集预约、导览、讲解、志愿者管理等于一体的一站式智慧化服务平台，更好地满足全流程、全方位、个性化的观展需求。

二、拓展边界，以小博大，多角度演绎特色地域文化

（一）以小切口阐释大文化

我们重新梳理了江南水乡的历史发展脉络，全面整理近 20 年积累的 3 万余件藏品，翻阅了数百本书，充分吸收最新的考古及学术研究成果，邀请了国内历史学、考古学、文物与博物馆学、历史地理学等领域的 20 余位专家学者，通力合作，经过了 10 余次的研究论证。以临平茅山遗址稻作农业所体现的湿地农业经济和被誉为江南佳丽地的塘栖古镇所体现的江南市镇经济为基础，形成了一套科学、独特的江南水乡文化阐释体系。

（二）以小区域呈现大江南

　　展览在建筑空间上，以江南市镇布局为参考，凝练河网、舟船、桥梁、社戏等江南水乡符号，虚实相兼，节点设计恰到好处，形成了"移步易景"的展示效果。内容从地域、经济、生活、文化、转型五个维度，全面展示江南水乡文化。向上爬梳、挖掘江南文化的精神特质，向下关注、展现栩栩如生的江南故事。以稻作、丝织、瓷器等代表性的江南文化载体，水稻田、牛脚印等独有的文物展品，呈现出一个生动、立体的"江南印象"。

（三）以小馆舍服务大社会

　　我们通过"文博星推官"、在线直播、"小嘴儿说家乡"、"走进江南"等形式，提高展览的社会影响力与关注度。通过50多家各级媒体进行报道，浏览量逾500万人次。全力打造江南水乡文化IP"江一才与阿南"（图5-1）。引进杭州知名文创品牌"水一方·晓风书屋"，在文创产品、文艺沙龙等方面开展多维度合作，拓展文化服务空间。通过自主开发、合作研发、授权开发三种渠道，共计开发江南水乡文化系列百余种。全新打造"水乡工坊"社会教育基地，深耕"童梦水乡""水乡印记"等研学品牌，开展社会教育活动837场次，通过"文物解读＋品牌活动"打通文博服务"最后一公里"。

图5-1　江南水乡文化IP"江一才与阿南"

三、响应战略，融入地域，应时代再塑江南文化认同

（一）追根溯源，讲好新时代江南故事

　　临平作为水乡泽国良渚古国的核心区，是杭州"全方位融入长三角"的"桥头堡"，自古以来便是典型的江南水乡，境内有着 44 处各级文保单位（点），其他不可移动文物 200 余处，以及玉架山、海塘遗址、小横山等重要遗址。鉴于此，我们另辟蹊径，突破传统的地方历史展示方式，以江南水乡文化为主题举办展览，这契合了"长江三角洲区域一体化"的国家发展战略及浙江省委、省政府提出的"诗画江南、活力浙江"省域品牌主题词，在唤起江南的共同记忆、增强长三角区域文化认同中，展现了博物馆的责任与担当。

（二）持续提升，建设学术性研究中心

　　为了更好地传承江南水乡文化，博物馆建设了江南文献研究中心，以打造集文化资源收藏、文献信息服务、合作研究与咨询于一体的前沿学术阵地。与浙江大学、华东师范大学等高校及省市文博单位合作，增强研究水平，举办了多场学术讲座及研讨会，开展临平历史文化研究等学术课题，并出版系列图书 20 余本，引起了专家学者的广泛关注。

（三）文化共建，推动全方位社会参与

　　以实践推动文化传承走深走心，设立水乡工坊社会教育专区，每年开展超过百场水乡文化体验等活动。以"晓江南"等文博志愿团队、文物守望者等爱心人士为补充的文物保护管理体系，实现了文物保护工作向市民的良性延伸。聚焦江南水乡文化主题，我们每年举办文艺沙龙不少于60场。串联文博展览、文创书店、体验工坊，打造新型多功能文化综合体。

　　博物馆是一叶驶入历史的轻舟，也是一座行往未来的长桥。"江南水乡文化展"以小切口诠释大文化，在小空间讲述大故事，从小馆舍走向大社会，在当代语境中唤起江南水乡的共同记忆，凝聚"长三角区域一体化"的文化认同，努力探索基层博物馆多元发展的新模式，以期成为世界读懂江南文化的"最美窗口"。

四、补全缺憾，直面挑战，尽全力推动展览顺利实施

　　举办一个展览，不会十全十美，或多或少总会留有遗憾。"江南水乡文化展"虽然受到广大文博人和观众的厚爱并"出圈"，似成一个"网红展"，但过程也有"遗憾"。

　　在展陈空间方面，"江南水乡文化展"位于杭州市临平博物馆新馆区，虽然在前期建筑设计时已经考虑到了在此展示，但因规划及消防的限制，展示空间只能位于地下一层。因受建设规划红线的限制，这一层空间面积仅有3000平方米，除去公共空间、配电间等附属空间，用于展陈的面积只有2000余平方米。展陈空间虽然相对规整，但按照消防要求，在其中间位置需有疏散楼梯，以及

多个消防分区等，这样导致了不少的"空间浪费"。再者，地下建设的成本比较高，我们在与建筑设计师沟通的过程中，双方对层高的理解有偏差，导致空间高度并未达到设想高度。这些问题给空间设计和形式设计都带来了不小的影响，特别是如何在如此有限的空间内诠释丰富的江南水乡文化，成为我们很大的挑战。

我们在空间重塑的时候，并未按展陈单元将空间进行简单的分割，而是将其看作一座"江南古镇"，将一层到负一层的环梯纳入设计范围，将序厅外置，沿扶梯而下，以青石板路穿河而过，过桥进入展厅，形成江南园林曲径悠长的空间体验；利用原建筑的边角空间规划江南水市、雨巷等景观，形成观众体验区和打卡点；利用消防通道打造江南宅院亭榭层叠、曲径通幽。

在展品方面，虽然我们对馆藏文物进行再梳理、再组合，但是真正可用的展品相对较少，尤其是重量级展品。这也是区县级博物馆办展相对薄弱的地方，何况我们举办的是一个内涵丰富且宽泛的文化展。为了弥补这个问题，让文物用得更精准、更具实证性，我们结合场景化，将展品进行信息组团展示，让观众从"少而精"的展品中生动地解读其蕴含的价值，品味它所体现的文化内涵。

在施工细节方面，方案确定后，落地施工时往往出现"方案归方案，施工归施工"的难题，特别是一些沉浸式场景，我们有我们的要求和标准，施工建设有建设的标准。在方案落地施工中就会存在沟通、理解的偏差，导致因部分细节或者节点施工不够精致或更换方案而造成遗憾。比如环梯处的设计原为杏花烟雨的江南意境，更换为铜雕江南古镇俯瞰全景，意境与风格截然不同。展厅中辅助场景江南园林造景、桥体等，因施工材料，真实性和艺术感略有减分，特别是沉浸式四季江南园林，从视频制作到场景布置沉浸感较弱。新、老馆区通道，以戴望舒的《雨巷》为参考，意欲打造撑着油纸伞的姑娘穿行狭长幽静的雨巷的场景。虽然落地后的雨巷已成为打卡点，但是因为沉浸式雨滴和青石板路未实现，仅铺贴 3D 打印的青石板路，使得雨巷的意境并不太理想。

　　"江南水乡文化展"历经20年，从内容的更新、展品的充实到形式的创新，它不仅是一个展览的涅槃，还让每一位观众在这里都可以找到自己心目中的江南，逐步唤起江南水乡的共同记忆，不断增强长三角区域文化的认同。

后 记

　　2017年，杭州市临平博物馆（原杭州市余杭博物馆）启动改扩建项目，历经5年，2022年5月15日，杭州市临平博物馆建成重新对外开放。5年间，博物馆改扩建项目在磕磕绊绊中推进，有欢笑，有泪水，更有收获。团队成员虽然有退休的，有新进的，但是一直在不断成长。5年的付出，最终在2023年5月收到了最大的肯定，基本陈列"江南水乡文化展"荣获了2022年度全国博物馆陈列展览十大精品奖。

　　此本策展笔记梳理分析"江南水乡文化展"策展理念和具体做法，以及建设中的困与惑，为文博同行，特别是基层博物馆项目建设及展览策划提供实用性经验。全书分为引言、导览、策展、观展及结语五个部分，从展览的内容设计、形式设计施工，分析一个区县级小馆如何从文化地理学的角度，守正创新，开拓展览边界，改变传统叙事模式，从地域、经济、生活、文化、转型五个维度诠释江南水乡文化。

　　此书的引言部分由田禾、吕芹撰写，第一章导览由黄衍鑫撰写，第二章策展由吕芹、张苏撰写，第三章观展由严石涵撰写，第四章结语由吕芹撰写。最后由吕芹统稿。

　　本书的撰写人员基本为半途参与展览策划实施的"90后"文博人，一是他们不甚了解策展过程，二是他们刚入职不久，工作经验不足，更无写书经验。这些都为撰写工作带来极大的困难。面对这种情况，撰写工作得到了浙江大学毛若寒老师及其学生的帮助，他们为撰稿提出了宝贵意见。在此，一并表示衷心感谢！另外，杭州市临平博物馆首席专家陆文宝先生在2003年初次筹建博物馆时就参与并主导了江南水乡文化陈列的策划设计和实施。20年后，展览的提升改造亦在其任馆长时启动。他全程参加展览的重新策划、设计实施，一些理念也是他提出的，并在策展笔记撰写过程中，给予我们指导、帮助。在此，我们诚挚地感谢陆文宝先生，同时也感谢博物馆其他同事，他们为撰写工作提供了大量数据资料。

博物馆展览是一项复杂的工程，撰写团队多缺乏经验，加之学识有限，书中舛漏之处在所难免，恳请专家批评指正。